O Grau de Mestre Escocês de Santo André no Rito Escocês Retificado

Sua Natureza e Seu Esoterismo

Roland Bermann

O Grau de Mestre Escocês de Santo André no Rito Escocês Retificado

Sua Natureza e Seu Esoterismo

Tradução:
Raul Moreira

MADRAS®

Publicado originalmente em francês sob o título *Le Grade de Maître Écossais de Saint-André au Rite Écossais Rectifié*, por Dervy.
© 2008, Éditions Dervy.
Direitos de edição e tradução para o Brasil.
Tradução autorizada do francês.
© 2011, Madras Editora Ltda.

Editor:
Wagner Veneziani Costa

Produção e Capa:
Equipe Técnica Madras

Tradução:
Raul Moreira

Revisão da Tradução:
Robson Gimenez

Revisão:
Silvia Massimini Felix
Maria Cristina Scomparini
Sônia Batista

Dados Internacionais de Catalogação na Publicação (CIP)
(Câmara Brasileira do Livro, SP, Brasil)

Bermann, Roland
O Grau de Mestre Escocês de Santo André no Rito Escocês Retificado / Roland Bermann ; tradução Raul Moreira. -- São Paulo : Madras, 2011.
Título original: Le Grade de Maître Écossais de Saint-André au Rite Écossais Rectifié.
Bibliografia.
 ISBN 978-85-370-0715-0

 1. Maçonaria 2. Maçonaria - Rito Escocês Retificado 3. Maçonaria - Rituais 4. Maçonaria - Simbolismo I. Título.

 11-09383   CDD-366.1

 Índices para catálogo sistemático:
  1. Maçonaria : Sociedade secretas 366.1

É proibida a reprodução total ou parcial desta obra, de qualquer forma ou por qualquer meio eletrônico, mecânico, inclusive por meio de processos xerográficos, incluindo ainda o uso da internet, sem a permissão expressa da Madras Editora, na pessoa de seu editor (Lei nº 9.610, de 19.2.98).

Todos os direitos desta edição, em língua portuguesa, reservados pela

MADRAS EDITORA LTDA.
Rua Paulo Gonçalves, 88 – Santana
CEP: 02403-020 – São Paulo/SP
Caixa Postal: 12183 – CEP: 02013-970
Tel.: (11) 2281-5555 – Fax: (11) 2959-3090
www.madras.com.br

Índice

Prefácio à Edição Brasileira 7
    Pela misericórdia do Grande Arquiteto do Universo!!! 7
    Willermoz falava sobre a iniciação 10
    A Mente universal 14
    A ordem divina 16

Prefácio 19
    Alguns breves dados históricos 19
    Breve histórico do ritual do Grau 23
    Esoterismo? Segredo? 27

As Cores 31
    O verde 34
    O vermelho e sua associação com o verde 37
    Heráldica 40

Os Números do Grau 43
    O setenário dirige a criação senária 45
    O número 16 e o quaternário 50
    A passagem do três para o quatro 55
    O quinquenário e o número 25 56
    Dos quatro números 60

A Joia do Grau 63
    O número seis 64
    A letra H 66
    Os outros elementos 70
    Reflexão complementar sobre a estrela de seis pontas 72

O Painel do Oriente 77
    A divisa: *Meliora praesumo* 79
    O leão 81
    Brincando com os instrumentos de matemática 84
    Os outros elementos 85

O Primeiro Painel do Grau 89

O Segundo Painel 97
    O Mar de Bronze 99
    Pela trolha e pela espada 104
    O Altar dos Perfumes 107
    O Nome 109

O Terceiro Painel 113
    A ressurreição 114
    Quem foi o Mestre Hiram? 118
    As virtudes 120
    O carvalho e a oliveira 123
    O ramo de carvalho 124
    O ramo de oliveira 125

O Quarto Painel 129
    O painel 130
    Santo André 134

Conclusão 139

Apêndice: Breve Reflexão sobre as Noções dos Pequenos Mistérios e dos Grandes Mistérios em sua Relação com o R.E.R. 143
    Mistérios 144
    Pequenos mistérios 145
    Grandes mistérios 146
    O meio-termo 147
    No R.E.R. 147

Bibliografia 153

Índice Remissivo 155

Prefácio à Edição Brasileira

Caros Irmãos,

"Os profanos não vos lerão, a não ser que sejais claro ou obscuro, prolixo ou sintético. Somente os HOMENS DE DESEJO irão ler os vossos escritos e aproveitarão vossa luz. Dai-lhes essa luz tão pura e revelada quanto possível." (Louis Claude de Saint-Martin)

Pela misericórdia do grande arquiteto do universo!!!

Não sabemos se começamos a escrever a respeito do Amor, no seu sentido mais puro... Se vamos direto à Origem da Ordem, ou se entramos em um túnel do tempo e viajamos juntos... O mal desaparecerá sobre a Terra, uma vez que a humanidade seja remunerada pela lei do Amor, e que todos os homens se amem a si mesmos, graças à propagação das doutrinas de Fé, Esperança, Caridade e Amor fraternais que constituem a Verdade.

Nós que fazemos parte dessa Ordem, Grande Priorado do Brasil da Ordem dos Cavaleiros Benfeitores da Cidade Santa, temos consciência de que o dever deve ser cumprido porque é o dever; ele não se limita aos bens materiais; o auxílio em forma de bens perecíveis, mas o apoio que todo Irmão deve a seu Irmão, que é um imperativo absoluto; não se pode fazer parcialmente um bem; ele é completo e total. Acreditamos que esse é o nosso verdadeiro prumo!

Nossa luta é em favor da Liberdade, do Direito e da Livre Manifestação do Pensamento e da Palavra; defendemos a Sabedoria contra a superstição; temos por princípio o Amor aos semelhantes, por base a Ordem e por fim o Progresso. Não somos vulgares, sabemos que a liberdade se consegue apenas por meio do conhecimento, da sabedoria, pois, caso contrário, agirá e pensará sempre com a cabeça dos outros... seguindo a opinião dos outros, porque não se pode formar uma ideia daquilo que não se conhece... É extremamente importante em nossa Ordem que se estude, que se leia, que se combata o verdadeiro "diabo" que é a ignorância... Não se pode ser livre sendo ignorante.

Conhecimento, necessariamente, exclui todo dualismo ou toda dualidade. Ele está além das oposições, por razão metafísica. Uno, invariável e eterno, reflete-se no seio de toda tradição da qual ele constitui a modalidade geradora, assim como ele alimenta seu esoterismo. Centro e totalidade manifestada, essência e substância como realidade principiante, o conhecimento é único e, dessa maneira, pode ser considerado como o "ambiente" de todas as esferas tradicionais, "ambiente" de que todas procedem, pelo qual todas subsistem e onde todas desembocam. Grau supremo de realidade salvadora e de expressão metafísica, ele é então o "Centro de todos os Centros", Coração do Pai, e este é de fato o lugar simbólico do Verbo nesse antropomórfico divino de Cristo.

É certo que a Tradição não se perdeu nem pode se perder, porém, quando os encarregados de transmiti-la faltam a seu dever, os Guardiões Invisíveis da Verdade mandam missionários a quem conferem poderes especiais para que as nações não sumam por completo na noite espiritual.

Esse Rito é muito Especial, conforme define Jean Tourniac:

> *" (...) as alusões teosóficas e seu caráter cristão, mas não confessional. Esse caráter possui o espírito do Cristianismo bem despojado, muito próximo da mensagem original do Cristo, referindo-se por diversas vezes à lei do Amor, mas sem uma tipologia confessional, o que não seria de modo algum de sua alçada."*

É um Rito Esotérico? É sim, mas é necessário compreendê-lo no sentido da palavra grega que lhe deu origem, *esoterikos*, designando o que provém do interior, o que está dentro. Originalmente, essa expressão qualificava o que era transmitido apenas por tradição oral, de mestre a discípulo, ou pelo menos a um número restrito de indivíduos escolhidos por suas capacidades naturais para compreender verdadeiramente o conteúdo do ensinamento. Há aí uma repulsão à vulgarização, a qual a Escritura assinala enfaticamente, dizendo: "Não lanceis aos porcos as vossas pérolas, para não acontecer que as calquem com os pés" (Mateus 7, 6) e "Não fales ao ouvido do tolo, porque ele desprezará a sabedoria de tuas palavras" (Provérbios 23, 9). Em nossos dias, isso se torna particularmente verdadeiro quando se trata de vias espirituais bastante afastadas do materialismo usual e do que René Guénon chama, com a devida razão, de "o reinado da quantidade", que ele qualifica como "sinal dos tempos". Esse esoterismo sempre existiu e encontra-se claramente mencionado, para o ensinamento cristão, por Clemente de Alexandria (160-220 de nossa era) nos *Stromateis* (Miscelânea), por Orígenes (185-254) em seu *Contra Celsius* (Contra Celso) e em seu muito importante *Traité des Principes* (Tratado dos Princípios), etc.

Além disso, está escrito: "Nada se encontra tão encoberto que não deva ser descoberto; nem oculto, que não deva ser sabido" (Lucas 12, 2 e 8, 17; Mateus 10, 26; Marcos 4, 22), até mesmo porque, como o definiam os versículos citados anteriormente, isso não se endereça necessariamente a todos. Além do mais, o que está escrito é uma coisa e a vivência é outra. O que é intelectualmente compreendido não é necessariamente conhecido de modo vital. Eis o que convém compreendermos quanto à natureza do segredo maçônico, pois na realidade é ao conhecimento cardíaco que ele se refere. Sabermos o que uma carta contém sobre uma coisa não é conhecer essa coisa. Há uma diferença de natureza, de ordem essencial, entre saber e conhecer. Ambas, voltamos a afirmar, são importantíssimas, porém cada uma com o seu valor, sua essência e sua importância...

A obra que temos a honra de prefaciá-la é muito completa no que se refere ao Grau 4 – Grau de Mestre Escocês de Santo André; nela serão tratados temas como: as cores, os números do grau, a joia do grau, o painel do Oriente; o primeiro, segundo, terceiro e quarto painéis do grau; o Altar dos Perfumes, o Mar de Bronze, a Trolha e a Espada, a Ressurreição, quem foi o Mestre Hiram? O carvalho e a Oliveira, as Virtudes, além de um Apêndice: Breve reflexão sobre as noções dos Pequenos Mistérios e dos Grandes Mistérios em sua relação com o R.E.R.

Este livro é indispensável para os que querem conhecer o Rito, principalmente o quarto Grau, o de Mestre Escocês de Santo André. Nele, o autor Roland Bermann responde a esta pergunta: "O que representa o duplo triângulo luminoso? Ele exprime a dupla natureza daquilo que é a verdadeira luz do mundo e do homem, que é a sua imagem, e o círculo que o envolve é o emblema de sua eternidade."

O Rito Escocês Retificado é fruto do trabalho incansável de Jean-Baptiste Willermoz. Nascido em Lyon, em 10 de julho de 1730 e falecido na mesma cidade em 29 de maio de 1824, foi um maçom de uma envergadura verdadeiramente excepcional. É indubitavelmente uma das personalidades mais proeminentes da história da Maçonaria – não apenas a francesa – tendo exercido sobre sua evolução uma influência decisiva.

Iniciado em 1750 aos 20 anos de idade, em uma Loja da qual se ignora o nome, Willermoz rapidamente evolui. Eleito "Venerável Passado" em apenas dois anos, em 1752, cedo pressente a necessidade de pôr ordem numa situação marcada por "abusos que se acreditavam cada vez mais", contribuindo para formar, em 1760, a Grande Loja dos Mestres Regulares de Lyon, reconhecida em 1761 pela Grande Loja da França. Depois de ter sido ele próprio o seu presidente no biênio 1762-1763, consegue a nomeação para "Guarda-Mor dos Selos e Arquivos", função que teria sua preferência em todos, ou quase todos os organismos a que pertenceria, pois tirando partido da correspondência mantida com praticamente toda a Europa, podia desse modo dedicar-se a uma das suas atividades favoritas: recolher, estudar e comparar os rituais de todos os graus possíveis. Tudo isso, indubitavelmente, por paixão de colecionador, convenhamos, mas também por outras razões – e estas bem mais profundas, das quais é demonstrativa uma carta de novembro de 1772, endereçada ao Barão Carl von Hund, fundador da Estrita Observância Templária (S.O.T.):

> *"Sempre estive persuadido, desde a minha admissão na Ordem, que esta encerrava em si própria um objetivo possível e capaz de satisfazer um homem digno. Partindo deste pressuposto, tenho trabalhado sem tréguas para descobri-lo. Um estudo contínuo de mais de vinte anos, uma extensa correspondência privada com alguns irmãos mais instruídos, tanto na França como no exterior, assim como o depósito de arquivos da Ordem de Lyon, ao meu cuidado, facultaram-me os devidos meios (...)"*

WILLERMOZ FALAVA SOBRE A INICIAÇÃO

"Aquele que me transmitiu não é um ser inspirado interiormente, nem um magnetizador privilegiado, nem um ser versado nas iniciações antigas, que conhece muito menos que nós. É um ser que goza de todos os sentidos ao escrever, que escreve quando lhe fazem pegar na pena, sem saber nada do que escreverá, nem a quem escreverá. Uma potência invisível, que não se manifesta a ele senão por diversas partes de seu corpo, toma a mão como se toma a mão de uma criança de 3 anos, para lhe fazer ESCREVER o que se deseja. Ele não pode conduzir a ação, mas pode resisti-la por ato de sua vontade, que então para de escrever; ele lê então o que sua mão escreveu e é o primeiro admirador do que vê. Muitas vezes nada

compreende do que escreveu, foi prevenido, desde o tempo que esse dom extraordinário começou a se manifestar nele, que escreveria coisas que não deveria compreender porque não foram escritas para si, mas para aqueles a quem elas se destinavam".

O próprio Agente tinha seus superiores, "as potências celestes superiores ou secundárias" que dirigiam seus trabalhos e faziam-no escrever. Eram depósitos de conhecimentos admiráveis, uma doutrina da verdade. Para Willermoz, como para Saint Martin e demais Mestres do Ocultismo Ocidental,* a Iniciação Real é um trabalho eminentemente pessoal e interior.

O Homem, ao encarnar, ficou com a alma por desenvolver, isto a partir de uma centelha Espiritual. O receptáculo é a Alma Humana, a Pedra Bruta que deverá ser transformada e inserida na obra de construção do Templo Universal, a "Jerusalém Celeste" das almas regeneradas e imortalizadas pelo Verbo Divino.

No meio ocultista, era admirado pela solidez de seus conhecimentos que eram praticados juntamente com um pequeno grupo de esoteristas, escolhidos criteriosamente no seio da Maçonaria. Durante muito tempo, Willermoz manteve correspondência com os principais ocultistas de sua época: Martinez de Pasqually, Saint Martin, Joseph de Maistre, Savallete de Lange, Brunswick, Saint Germain, Cagliostro,** Dom Pernety, Salzman e outros ocultistas alemães, franceses, ingleses, italianos, dinamarqueses, suecos e russos.

Pasqually escreveu que a Teurgia era "uma cerimônia e uma regra de vida que permite a invocação do Eterno em santidade".

Era possível que coisas estranhas acontecessem nas câmaras onde o ritual teúrgico se desenrolava. Manifestações curiosas de atividade aparentemente sobrenatural que ocorriam na câmara de operação chamavam-se "passes". Estes não deveriam causar distração aos operadores, mas, dizia Pasqually, deveriam ser considerados sinais de que a "reconciliação" avançava. O "passe", portanto, era uma manifestação do que Pasqually estava apto a chamar *La Chose* (a Coisa), que nada mais era que a Sabedoria personificada – a divina Sofia. De acordo com

---

*N.E.: Sugerimos a leitura de *Helena Blavatsky*, coletânea de Nicholas Goodrick-Clarke; *Paracelso*, coletânea de Nicholas Goodrick-Clarke; *G.R.S. Mead*, coletânea de Nicholas Goodrick-Clarke e Clare Goodrick-Clarke; *Robert Fludd*, coletânea de William Huffman; *Rudolf Steiner*, coletânea de Richard Seddon; *Emmanuel Swedenborg*, coletânea de Michael Stanley; *John Dee*, coletânea de Gerald Suster; *Jacob Boehme*, coletânea de Robin Waterfield, todos da Madras Editora.

**N.E.: Ver também: *Cagliostro – O Grande Mestre do Oculto*, de Dr. Marc Haven, Madras Editora.

o especialista em Martinismo, Robert Amadou, **"a Coisa não é a pessoa de Jesus Cristo (...), a Coisa é a presença de "Cristo", exatamente como a Shekinah (ou glória) era a presença de Deus no Templo"**.

Pasqually oferecia um culto de expiação, purificação, reconciliação e santificação. Como tal, era uma espécie de resposta católica ao Rosacrucianismo protestante, ou até uma versão deste. De qualquer forma, as correntes agora, graças a Pasqually, estavam entrelaçadas. Como dizia Saint-Martin: "Esse homem extraordinário é o único que não consegui entender".

O barão Karl Gotthelfvon Hund (1722-1776) afirmava ter sido iniciado em uma linhagem única da Maçonaria, estimulado por Charles Edward, pretendente Stuart ao trono britânico. Certamente, era de interesse dos jacobitas fazer oposição à Maçonaria anti-Stuart, dominada pelos liberais hanoverianos da Grande Loja de Londres e imaginar um ramo superior do Ofício.

A mitologia envolvida para estabelecer esse pretexto provinha de duas fontes principais. A primeira, a crença do maçom jacobita, Andrew Michael "Chevalier" Ramsay, emitida pela primeira vez em 1736, de que a Maçonaria renascera na Europa por Ordens Cavaleirescas durante o período das Cruzadas* e, depois, o persistente mito das origens patriarcais antediluvianas da Maçonaria, aliado à dinâmica "rosa-cruz" dos mistérios sagrados, trazidos do Oriente pelos cavaleiros-peregrinos. Desse modo, pensava-se que a "Maçonaria" pura desempenhava um papel na restauração da unidade primitiva da humanidade. Essa ideia elevada tinha ressonância com a noção de reconciliação e restauração da perfeição adâmica do homem, preconizada por Pasqually.

Em sintonia com a natureza exaltada da missão maçônica "superior", Von Hund criou o Rito da "Estrita Observância". A virtude da Estrita Observância era a de ser a continuação de uma Ordem secreta de Cavaleiros Templários, que, por alguma razão, sobrevivera à supressão papal em 13 de abril de 1312. É provável que a Escócia tenha oferecido abrigo aos cavaleiros sobreviventes, e seus segredos estavam agora astuciosamente guardados em Lojas maçônicas e alimentados pelas virtudes cavalheirescas dos aristocratas e monarcas escoceses. Desse modo, a Grande Loja de Londres – e a Maçonaria exportada dali à Alemanha e à França – não tinha os verdadeiros segredos. Havia uma mistura intrigante entre a necessidade de segredos com as fantasias sobreviventes da fraternidade oculta Rosa-Cruz, dando à Estrita Observância e semelhantes Ordens posteriores sua peculiar matriz de "Maçonaria Cavalhei-

---

*N.E.: Sugerimos a leitura de *O Guia Completo das Cruzadas,* de Paul L. Williams; e *Da Cavalaria ao Segredo do Templo*, de Jean Tourniac, ambos da Madras Editora.

resca" com pitadas de devoção mística cristã *rose-croix* mais profunda e gnóstica. Era uma bebida rica e inebriante, servida como antídoto aos rigores bastante tediosos da chamada Era da Razão.

Como sempre se observou, uma falsa ideia é um fato real. Para o crente, acreditar na mentira pode não torná-la real. A crença em um vínculo com os antigos Templários criou o fato dos novos Templários. Suas crenças tornaram-se uma força motivadora de modo que não pode ser descartada, simplesmente por causa de uma divergência de perspectiva histórica. Existem muitos que gostam de se considerar Templários maçônicos no conhecimento de que representam algo como um ressurgimento em vez de uma continuidade de uma Ordem extinta. Como observou o historiador maçônico francês Pierre Mollier, o neotemplarismo atrai os homens que se sentem como estranhos em um mundo que se tornou profano demais.

Em 1774, a Estrita Observância foi estabelecida na "província" neotemplária da "Borgonha", ou seja, em Estrasburgo, depois, em Lyon ("Auvergne") e em Montpellier ("Septimania"). Trabalhavam-se dois graus além dos três graus do ofício de Aprendiz, Companheiro e Mestre Maçom. O primeiro era o de Noviço; o segundo, Cavaleiro Templário, no qual era revelado o segredo de que a Maçonaria era, na realidade, uma sobrevivência da Ordem do Templo, convocada a uma missão secreta pela qual seus membros há muito sofreram.

Na Alemanha, a Loja regular de Braunschweig, Zu den drei Weltkugeln (Aos Três Globos), adotou a Estrita Observância e, posteriormente, tornar-se-ia um centro nervoso dos Gold und Rosenkreuzers. O duque Fernando de Braunschweig tornou-se "Magnus" da Ordem de Von Hund. É interessante ver que os descendentes das antigas famílias solidárias ao movimento do século XVII tornaram-se patronos dos novos movimentos templários, rosa-cruzes e maçônicos (o landgrave de Hesse-Kassel também estava envolvido).

Em 1775, Braunschweig foi o local escolhido pela Ordem da Estrita Observância para reunir 26 nobres alemães a fim de discutir seus negócios e futuro. Dizem que de Estrita Observância tinha bem pouco. Um ano após o congresso, os membros dirigentes da Ordem viajaram até Wiesbaden, a convite do barão Von Gugomos, que se dizia emissário dos "Verdadeiros Superiores" da Ordem. Seu quartel-general era no Oriente, em Chipre (famosa na história como fortaleza dos Cavaleiros Hospitalários de São João). Ele esperava tomar o controle da Ordem e, depois que as perguntas se aprofundaram, declarou que retornaria a Chipre para obter valiosos textos secretos para demonstrar a "genuína" linhagem da Ordem e seu propósito elevado. Gugomos foi exposto;

seus títulos e patentes eram falsos. Não foi a última vez na história que falsificações levariam a uma quebra de confiança na Ordem.

Após os Conventos maçônicos de Lyon (1778) e Wilhelmsbad (1782), a Ordem da Estrita Observância morreu, mas suas ideias seriam substancialmente ressuscitadas quase de imediato. A Estrita Observância transformou-se no Régime Écossais Rectifié de Willermoz: o Rito Escocês Retificado (R.E.R.), mais conhecido e reverenciado atualmente nos círculos maçônicos devotos pelo acrônimo de C.B.C.S.: *Chevaliers Bienfaisants de La Cité Sainte*, os Cavaleiros Benfeitores da Cidade Santa.

O que Willermoz fez com a ideia da Ordem do Templo deve-se muito à força transcendental da mente de Pasqually. O que Willermoz fez mostrou ter um significado bem mais abrangente com um impacto direto no mundo do Neorrosacrucianismo.

No Rito Escocês Retificado de Willermoz, o que importa não é o Cavaleiro Templário como tal, mas uma ordem trans-histórica, cuja existência remonta, supostamente, ao início dos tempos. Desse modo, qualquer coisa de natureza secreta e mística associada com os Templários era simplesmente uma manifestação do contato entre membros dessa ordem e que, depois, seria chamada "a Grande Fraternidade Branca". A concepção de uma ordem trans-histórica pode ser descrita como o conceito fundamental do Neorrosacrucianismo, e sua criação representava um desenvolvimento simbólico na história dos Invisíveis.* Não eram mais os discípulos "rosa-cruzes" que eram invisíveis, mas seus mestres – o que não quer dizer que os próprios adeptos experientes não poderiam, como a ocasião exigia, vestir o véu secreto da invisibilidade!

A MENTE UNIVERSAL

Os textos herméticos sempre se referiam a "Deus" como uma Mente universal, presente em tudo e que todavia transcendia tudo. Os homens poderiam ter uma parcela dessa Mente (*nous*), se decidissem ouvir o chamado e mergulhar nela (cuja analogia era o batismo em um recipiente especial enviado dos céus). O potencial de reação existia em praticamente todos, mas a maioria o ignorava. Quem não ignorasse, recebia gnose, a percepção divina, capaz de compreender o invisível bem como o visível e, desse modo, conseguia elevar-se acima da mera existência material. Hermes tornou-se mestre do universo invisível no homem, na natureza e nos astros. Hermes une alquimia à astrologia e

---

*N.E.: Sugerimos a leitura de *A História da Rosa-Cruz – Os Invisíveis*, de Tobias Churton, Madras Editora.

o homem a Deus. A forma latina de Hermes era Mercúrio, mensageiro divino e artista de transformação rápida, por excelência. Nas palavras de Paracelso, "existem tantos mercúrios quanto coisas".

A Dignidade do Homem, anunciada por Pico della Mirandola,* em Florença, em 1486, como peça central de uma revolução do pensamento hermeticamente inspirada, observa a *Fama Fraternitatis*, está em funcionamento no mundo. A Dignidade do Homem está em ser capaz de escolher entre a vida dos animais e a vida dos anjos. Ele pode subir ou descer a grande Cadeia do Ser, de acordo com sua vontade. O homem tem um poder miraculoso que raramente percebe. Pode ter a mente de um vegetal ou encontrar sua natureza superior na "solitária escuridão de Deus". A centelha do conhecimento divino reside dentro dele.

Onde há permissão para essa dignidade florescer, onde essa semente foi cultivada, lá se encontram as grandes façanhas da época: todos os tipos de artes, ciências, máquinas e monumentos ao espírito ilimitado do homem. Entretanto, o trabalho ainda não terminou. A humanidade está no ápice de algo até maior.

Percebam que ela (Ordem) é puramente espiritual...

Um sistema completo de conhecimento está à espera da humanidade, à medida que sua mente adentra nos mais obscuros recessos da natureza. Então, o homem, pequeno cosmos com uma mente potencialmente divina, saberá de verdade a criatura extraordinária que é, ligado ao divino, da terra às estrelas e além.

A ideia remonta ao livro do Gênesis (2, 19), quando Adão, em sua pureza e inocência, dava nome aos animais e todas as coisas vivas. Dar nome não era apenas uma questão de classificar, mas o meio de evocar sua essência ou identidade precisa. Sabendo seus verdadeiros nomes, as criaturas poderiam reagir a Adão.

Todos sabemos a "magia" de uma boa memória para nomes. Saber o nome original de uma coisa confere o poder de convocar sua essência.

Quando o "autêntico *nous*" (ou "mente soberana", chamada *Poimandres*), no *Corpus Hermeticum*, primeiro livro da filosofia hermética, aparece em sua magnitude ilimitada à visão de Hermes Trismegisto, somos informados de que o poder "chamou-me [Hermes] pelo nome". O autêntico *nous* (Mente divina) conhecia a natureza essencial e mais profunda de Hermes. Exatamente as mesmas palavras são usadas na *Fama Fraternitatis*, quando Christian Rosenkreuz encontra pela primeira vez os sábios de Damcar. Os sábios não só sabiam que vinha: eles o chamaram pelo nome.

---

*N.E.: Sugerimos a leitura de *Pico della Mirandola*, editado por M.V. Dougherty, Madras Editora.

A ORDEM DIVINA

De acordo com a teoria superior do Neorrosacrucianismo, toda iniciação "verdadeira" provém da ordem transcendente. Portanto, qualquer ordem iniciática aprovada podia ser declarada apenas uma manifestação terrestre da ordem divina acima do espaço e do tempo. Assim que se admite essa concepção, estabelece-se o fundamento lógico por meio do qual uma ordem pode afirmar estar em "sucessão espiritual" com a Ordem Rosa-Cruz, a Ordem do Templo, Jesus Cristo, os Essênios, João Batista, Pitágoras, os Antigos Egípcios, os Cátaros, os Gnósticos, Apolônio de Tiana, Simão, o Mago e os Maniqueístas.

A Casa "Invisível" tem, certamente, "Guardiões Invisíveis", "Superiores Incógnitos", "Chefes Secretos", cujo trabalho é de tamanha abrangência multidimensional de complexidade extraordinária a ponto de, sinceramente, estar além do entendimento da pobre humanidade ignorante. Nós, pobres almas não regeneradas que mal conseguimos ficar em pé em uma postura que relembre o *homo sapiens*, só podemos vislumbrar, ter flashes da Grande Obra em andamento, a Grande Missão da alquimia cósmica da qual somos – se tivermos sorte – meramente os instrumentos temporais, a serem descartados após o uso, em bênção ou esquecimento, dependendo de nossa conformação, ou não, aos ditames dos mestres.

Desse modo, também é uma certeza lógica o fato de a seguinte passagem do recém-descoberto Evangelho de Judas ser empregada (se já não é) como exemplo da "Casa Invisível", vislumbrada por membros privilegiados do movimento gnóstico dos séculos II e III, e que os "ortodoxos" não conseguiam, ou conseguem, ver:

> *"Nenhuma pessoa de nascimento mortal é merecedora de entrar na casa que viste, pois aquele lugar está reservado para o sagrado. Nem o sol nem a lua lá regerão, nem o dia, mas o sagrado habitará para sempre lá, no reino eterno com os anjos sagrados."*

A própria concepção apareceria (trans-historicamente?) na obra bastante influente de Karl von Eckartshausen, *Die Wolkeüberdem Heiligthum* (A Nuvem sobre o Santuário), 1802, sobre uma igreja transcendente de adeptos espirituais que guiam a evolução espiritual da humanidade. É a esse organismo que Aleister Crowley buscou acesso definitivo quando se uniu à Ordem Hermética da Aurora Dourada, Golden Dawn,* em 1898, e é desse suposto organismo que muitos hiero-

---
*N.E.: Sugerimos a leitura de *A Golden Dawn – A Aurora Dourada*, de Israel Regardie, Madras Editora.

fantes dos mistérios neo-rosa-cruzes reivindicam sua autoridade, uma suposta autoridade não de "meras patentes de papel", mas do contato direto com os anjos. Desse modo, o Anjo Mágico de John Dee sempre será de mais interesse a essas pessoas do que os textos devocionais de Johann Valentin Andreae. Vale notar, a esse respeito, que uma das mais recentes reimpressões da obra de Eckartshausen foi feita pela Rozenkruis Pers, editora da Ordem Rosa-Cruz holandesa, o *Lectorium Rosicrucianum*.

A teoria de Willermoz e Pasqually corrobora a maioria das Ordens neo-rosa-cruzes e suas ramificações, e quase sempre o que derruba tais ordens é a descoberta de serem falsas as supostas ligações com os Superiores Incógnitos. Assim, quando Aleister Crowley, por exemplo, sugeriu as próprias propostas de fundar uma ordem de magia branca, depois de 1900 (quando a Golden Dawn se fragmentou), ele o fez não com base no fato de que o líder da Aurora Dourada não tivesse contato algum com os "Chefes Secretos" da Ordem (isto é, que eles não existiam), mas sim que o então líder da Ordem, Samuel Mathers, "fracassara" nesses contatos e não mais servia a seus propósitos. Com Mathers fora, Crowley achou que tinha garantido o próprio contato com um "Chefe Secreto", conforme relatou, em abril de 1904. Nós particularmente gostamos do Estudo, Rituais e Cerimônias da O.T.O.

Com a chegada da ordem trans-histórica (vinculada a várias outras linhagens gnósticas, herméticas, bíblicas e cabalísticas), surgiu o Ser Adepto, às vezes dignificado com o termo Avatar, que parece um pouco mais impressionante e menos sentimental do que "anjos", aos ouvidos ocidentais.

Portanto, não seria surpresa descobrir que o teosofista neo-rosa-cruz e fundador da Antroposofia, Rudolf Steiner (1861-1925), acreditava não só que Christian Rosenkreuz era uma pessoa real (embora um tanto peculiar), mas também que o nome "Christian Rosenkreuz" era um criptônimo temporário para inúmeras encarnações assumidas por um generoso guia espiritual. O ser que apareceu como "Christian Rosenkreuz" manifestou-se posteriormente como conde de Saint Germain (?-1784), por exemplo. Seguidores sinceros de Steiner ainda poderiam apreciar encontros espirituais com o exímio ser Christian Rosenkreuz, pois isso, tinha certeza, fora concedido a ele. Mas isso é outra história...

Agora vamos nos recolher em profundo silêncio e deixar que o autor Roland Bermann dê continuidade a esta maravilhosa obra, que será durante um bom tempo o nosso livro de cabeceira.
Fraternalmente,

Santiago Ansaldo de Aristegui de Lerin y Contreras
Grão-Mestre do Grande Priorado do Brasil da Ordem dos Cavaleiros Benfeitores da Cidade Santa

Wagner Veneziani Costa
Grande Visitador Geral do Grande Priorado do Brasil da Ordem dos Cavaleiros Benfeitores da Cidade Santa

Bibliografia:

COSTA, Wagner Veneziani. *Maçonaria – Escola de Mistérios*. São Paulo: Madras Editora, 2006.
CHURTON, Tobias. *A História da Rosa-Cruz – Os Invisíveis*. São Paulo: Madras Editora 2010.
GOODRICK-CLARKE, Nicholas, coletânea de. *Helena Blavatsky*. São Paulo: Madras Editora, 2009.
———. *Paracelso*. São Paulo: Madras Editora, 2009.
GOODRICK-CLARKE, Nicholas e GOODRICK-CLARKE, Clare, coletânea de. *G.R.S. Mead*. São Paulo: Madras Editora, 2009.
HUFFMAN, William, coletânea de. *Robert Fludd*. São Paulo: Madras Editora, 2009.
SEDDON, Richard, coletânea de. *Rudolf Steiner*. São Paulo: Madras Editora, 2009.
STANLEY Michael, coletânea de. *Emmanuel Swedenborg*. São Paulo: Madras Editora, 2009.
SUSTER, Gerald, coletânea de. *John Dee*. São Paulo: Madras Editora, 2009.
WATERFIELD, Robin, coletânea de. *Jacob Boehme*. São Paulo: Madras Editora, 2009.

Prefácio

Alguns breves dados históricos

O Regime Escocês Retificado (R.E.R.) é uma via particular, uma via específica e complexa, dentro da Maçonaria.* Certamente, ela não convém a todos, não apenas por seu caráter essencialmente cristão, o qual, entretanto, não é necessário confundir com um ostracismo qualquer nem com uma filiação confessional específica. Isso seria um grave erro e o sinal de uma total incompreensão do conteúdo real do Rito. Contudo, essa especificidade frequentemente tem sido criticada na época moderna, principalmente por aqueles que têm a lamentável tendência de rejeitar o aspecto sagrado da via iniciática, querendo ver na Franco-Maçonaria apenas uma fraternidade de homens do século. Fazendo isso, eles distorcem a natureza e a essência.[1] Existe uma realidade iniciática imemorial, é inegável; se ela se apropria de caminhos diferentes, isso não corrompe em nada sua eficácia. O Regime Retificado, por mais particular que seja, não se afasta em nada da realidade maçônica e de sua meta principal. É necessário não esquecermos que está escrito: "Existem diversas moradas na casa de meu Pai" (João 14,2).

Ora utilizaremos a expressão Rito, ora Regime, caso seja feita referência a elementos particulares do ritual ou a coisas muito mais gerais, concernentes ao espírito que nele reina ou abrangendo o conjunto de sua estrutura. De fato, a expressão Regime, que abrange o conjunto dos Graus de um Rito, é anterior ao surgimento dos sistemas de obediências que viram a separação dos três primeiros Graus dos seguintes, que mais tarde foram elaborados por outros organismos.

---

* N.E.: Sugerimos a leitura de *Maçonaria – Escola de Mistérios*, de Wagner Veneziani Costa, Madras Editora.
1. Poderemos ler com proveito: *La Franc-Maçonnerie comme voie spirituelle*, J.-P. Schnetzler, Dervy, 1999.

O Regime Escocês Retificado, sem desenvolvermos a história que se encontrará facilmente nas obras indicadas na bibliografia, nasceu na França, na segunda metade do século XVIII, sob impulso do lionês Jean-Baptiste Willermoz. Ele sucedeu, inicialmente nos territórios franceses e depois nos outros países europeus, à Estrita Observância, geralmente chamada Estrita Observância Templária (*Stricte Observance Templière – S.O.T.*), organização maçônica de caráter cavaleiresco de origem alemã. Os primeiros esboços dos rituais foram elaborados em 1778, no Convento das Gálias, e somente foram definitivamente formulados, pelo menos no que diz respeito aos três primeiros Graus, no Convento de Wilhelmsbad, alguns anos mais tarde, em 1782. A Ordem Interior e, sobretudo, o quarto Grau sofreram ainda diversas evoluções nos últimos anos do século XVIII, e depois no começo do século XIX, mais precisamente em 1809, para o quarto Grau, sobre o qual nos ocuparemos aqui. Esse breve período de tempo valeu ao R.E.R. uma coerência absoluta ao conjunto de seus rituais em seus diferentes Graus e em seu método pedagógico.

Diversas influências atuaram na formação do R.E.R., sobre as quais podemos fornecer aqui apenas um vislumbre bem sucinto.

O R.E.R., assim como todos os outros Ritos da Maçonaria Especulativa, surgiu no Reino Unido e conservou uma ampla parte do tronco comum inicial, essencialmente nos Graus azuis ou três primeiros Graus. Ele deve à Estrita Observância Templária seu caráter cavalheiresco e seu Templarismo. Esse Templarismo remonta provavelmente aos Conventos de Unwürde (1754), em seguida ao de Altentenberg (1764), de Kohlo (1772), de Brunswick (1775) e, mais tarde, foi definido em sua forma atual, em 1778, rejeitando qualquer liame histórico com a Ordem do Templo, mas mantendo em diversos aspectos uma filiação espiritual. Ele recebeu também influências, que não se podem negligenciar, de Martinez de Pasqually, enfatizando a ressonância judaico-cristã e o fundo salomônico. Convém saber que praticamente todos os fundadores do R.E.R. pertenciam à Ordem dos Élus Cohens [Sacerdotes Eleitos], criada e fundada por Martinez de Pasqually. É de lá que provêm a metafísica e a teosofia particulares, e por toda parte, subjacentes a esse Rito. Outro personagem, do mesmo período e ao qual Willermoz foi muito ligado, Louis-Claude de Saint-Martin, que durante anos foi o secretário de Martinez de Pasqually, dedicou-lhe uma "religiosidade" cristã mais "ortodoxa", perceptível pelas preces que adornavam em todos os níveis o desenrolar das cerimônias. Esse caráter foi ainda mais reforçado por Joseph de Maistre, católico romano convencido, mas de uma absoluta integridade cristã e visando a uma reunião das diferentes Igrejas, como expõe em sua *Mémoire au duc de Brunswick*. Por outro lado, ele tinha uma presciência do Evangelho eterno, que é o que René Guénon chamou de Tradição Primordial, (cf. *Les Entretiens de Saint-Pétersbourg*). Enfim, o espírito do século XVIII impregnou as primeiras versões dos rituais com certos conceitos religiosos particulares àquela época, elementos que se modificaram muito rapidamente.

Dessa tripla origem do Rito Retificado resulta uma sobreposição de significados que nem sempre é fácil de discernir, visto que alguns são sistematicamente apresentados de maneira velada. Nós ainda estamos diante de uma mistura dessas fontes, incluindo elementos subjacentes da teosofia de Martinez de Pasqually, esclarecidos pelos primeiros textos do filósofo desconhecido Louis-Claude de Saint-Martin, e muitas vezes voluntariamente atenuados por Jean-Baptiste Willermoz. Além disso, eles são apresentados nos Graus simbólicos apenas de maneira indireta e sem a menor explicação. Nós os encontraremos de uma maneira um pouco mais clara apenas nas Instruções secretas aos Grandes Professos, porém ainda de maneira parcial, atenuados, pois sua explicação constitui, ou deve constituir, o mesmo trabalho das "conferências" dessa considerada classe secreta, situando-se fora do Regime propriamente dito. Apesar de serem elementos secretos, constituem um dado essencial à compreensão do Rito e seus componentes.

A partir de alguns desses dados, as especificidades desse Rito podem, sintética e muito esquematicamente, ser definidas por:

– seu caráter de via cavalheiresca desembocando para além do quarto Grau em uma abordagem bastante diferente da Maçonaria Clássica;

– sua abordagem de ordem puramente espiritual, sem jamais fazer apelo aos pormenores da Maçonaria Operativa, segue um caminho que conduz necessariamente ao surgimento da via metafísica;

– a natureza das relações entre o Templo de Salomão e o homem, concebendo o Templo como o que se chamaria atualmente de uma imagem arquetípica;

– as alusões teosóficas e seu caráter cristão, mas não confessional. Esse caráter possui o espírito do Cristianismo bem despojado, muito próximo da mensagem original do Cristo, e referindo-se por diversas vezes à lei do Amor, mas sem uma tipologia confessional, o que não seria de modo algum de sua alçada.

Nós temos plena consciência de que essas poucas linhas são absolutamente insuficientes para delinear a história do Rito, assim como para indicar suas finalidades. Quem desejar aprofundar-se nesses temas poderá reportar-se à obra-chave de Jean Tourniac, *Principes et problèmes du Rite Écossais Rectifié*, e à monumental obra de René le Forestier, citadas na bibliografia. Porém, apesar da brevidade destas linhas, elas permitirão a quem só conhece a história por rumor compreender melhor o que será exposto ao longo deste livro.

Mas por que se interessar mais particularmente pelo Grau de Mestre Escocês de Santo André, o quarto Grau de um Rito de seis Graus, já que existem nos principais Ritos maçônicos praticados tanto os Altos Graus quanto os Graus de Perfeição?

A razão é muito simples. Diferentemente dos outros, esse Grau não pode ser considerado como um Alto Grau, pois isso não existe, nesses termos, no Regime Retificado. O Grau de Mestre Escocês, usualmente chamado de maneira abreviada de Mestre X, constitui uma intermediação, mais exatamente um ponto, entre os três Graus azuis de Aprendiz, Companheiro e Mestre, e a Ordem Interna é que completa o Regime Retificado e lhe dá todo o seu sentido. Essa Ordem Interna não faz mais, de maneira direta, apelo ao simbolismo e de modo algum à alegoria.[2]

Em resumo, nos três primeiros Graus e no quarto ainda, apesar de uma maneira menos velada e mais direta, tudo é apresentado por imagens e símbolos: de alguma forma, é a via úmida da alquimia. O Mestre X chega ao final dessa via, que ele jamais pode ultrapassar. A ele será dito na Instrução do Grau, como resultado da cerimônia de recepção, que aqui o papel direto da ação simbólica chega ao fim, e que ele terá de trabalhar de modo diferente, caso siga seu caminho na Ordem. Para retomar a imagem alquímica, se bem que a alquimia não tinha de fato lugar algum nesse Rito, terminando aqui a via úmida, doravante ele deverá preparar-se para utilizar a via seca, muito mais penosa. É o que indica, entre outras coisas, a divisa que lhe é proposta: *Meliora praesumo*.

O Grau de Mestre X é ao mesmo tempo um complemento dos três Graus simbólicos precedentes, com relação aos quais ele tende a permitir completar a assimilação, e uma preparação para o que será sua sequência lógica no espírito do Regime: os Graus de Escudeiro Noviço e depois de C.B.C.S. (Cavaleiro Benfeitor da Cidade Santa). Nesses dois últimos níveis, que não são mais maçônicos (propriamente falando), a origem cavalheiresca e sua dedicação a uma verdadeira cavalaria

---

2. Ver *Principes et problèmes du Rite Écossais Rectifié et de sa chevalerie templière,* Jean Tourniac, Dervy, várias edições.

espiritual, assim como a marca tipicamente cristã do Rito, tornam-se absolutamente evidentes e inegáveis.

Como nível intermediário, os elementos constitutivos do Grau de Mestre X irão enfatizar a passagem da Antiga Lei à Nova Lei, do Antigo ao Novo Testamento. Mas é necessário compreender adequadamente, ao contrário do que alguns acreditam ter visto ou entendido, que essa passagem se faz no espírito do verso do Evangelho em que o Cristo diz: "Não credes que eu vim para suprimir a Lei ou os profetas; eu não vim para abolir, mas para cumprir. Porque em verdade vos digo, até que o céu e a terra passem, nenhum *iota* ou til se omitirá da Lei, sem que tudo seja cumprido" (Mateus 5,17-18); e em outro lugar: "É mais fácil passar o céu e a terra que cair um til da lei" (Lucas 16,17). Entretanto, isso está bem claro e deveria evitar quaisquer desvios, qualquer instauração de capelas. Entretanto, infelizmente é o que gera, e ainda gerará. Aliás, encontramos aquilo em contradição com algumas inclusões e modificações secundárias realizadas nos rituais, nas versões de 1804 e 1809, modificações que podemos lamentar, pois elas seguem no sentido de um estreitamento.[3] No mais, elas não correspondem nem mesmo ao Evangelho de João: "Ainda tenho outras ovelhas que não são deste aprisco" (João 10,16). Mas isso é outra história.

Breve histórico do ritual do Grau

Esse ritual teve diversas versões sucessivas. Como essa evolução é ignorada por muitos, é interessante nos referirmos às compilações que Robert Amadou e Jean Saunier elaboraram sobre sua história e a alguns documentos históricos disponíveis.

As citações desses autores estão em itálico.

ROBERT AMADOU, cap. 3, de "Mestre Escocês de Santo André", *Martinismo – Documentos Martinistas* nº 2, 1979 – publicado sob uma forma mais sucinta no *Dictionnaire universel de la Franc-Maçonnerie*, dirigido por Daniel Ligou, Edição de Navarre, em 1974:

A lista dos principais rituais do Mestre Escocês de Santo André se estabelece como segue:

– Ritual do Convento das Gálias (1778): Grau de Mestre Escocês, somente três painéis (Santo André está ausente do título, assim como do ritual, no qual posteriormente ele figurará em um quarto painel) [ele foi

---

3. *Cf.* Jean Tourniac, *Paradoxes, énigmes et curiosités maçonniques*, cap. VIII, Dervy. Ver também os documentos originais da Coleção Willermoz, na Biblioteca de Lyon.

introduzido posteriormente, por ocasião do Convento de Wilhelmsbad, sob a influência sueca; a medalha do Grau tem aqui apenas uma face].

  – *Rituais posteriores a Wilhelmsbad: um de 1785, outro, versão revisada deste, de 1809-1810; todos os dois comportam apenas um Grau, o de Mestre Escocês de Santo André, e quatro painéis. Santo André surgiu e trouxe o batismo, a confirmação e a homilia.* [Uma versão interina foi enviada em 1804 para Marselha, por ocasião do despertar do Retificado nessa cidade, mas infelizmente essa versão não foi encontrada.]

  – *Ritual de Genebra (1893-1894): em 29 de novembro de 1893, o Grau é dividido em dois, o de Mestre Escocês de Santo André e o de Mestre Perfeito de Santo André; quatro painéis: o texto de instrução é alterado. Os dois Graus transcorrem em duas etapas. Estas constituíram, de 1894 a 1899, duas cerimônias distintas. A partir de 1899, elas se sucedem em uma única cerimônia.*

  – *Ritual de Zurique: como os rituais da Alemanha, há um só Grau, o de Mestre Escocês de Santo André, com os quatro painéis. É o ritual de Wilhelmsbad.*

  – *Ritual do Grande Oriente da França de 1911: ainda um único Grau, o de Mestre Escocês de Santo André, o* quarto *painel torna-se um tapete da ordem e, após a cristianização, a descristianização.*

  – *Ritual do Grande Priorado das Gálias, preparado sob a direção de Camille Savoire em 1935; compreende dois Graus: Mestre Escocês e Mestre de Santo André, que são conferidos durante uma única cerimônia.*

  Ao qual se anexará, para memória, as redações intermediárias.

  Devemos considerar como definitivo, ao que parece, o ritual de 1809-1810, e designá-lo como Ritual de Wilhelmsbad. Um exemplar está conservado na B. M. [Biblioteca Municipal] *de Lyon, ms. 5922.*

  [Foi a partir desse exemplar (ms. 5922) que foi elaborado por Edmond Mazet o Ritual oficial atualmente em uso no G.P.R.F. [*Grand Prieuré Régulier de France* – Grande Priorado Regular da França], no G.P.D.G. [*Grand Prieuré des Gaules* – Grande Priorado das Gálias] e em outros Grandes Priorados, com algumas pequenas variações. Veremos mais adiante que essa intitulação *Ritual de Wilhelmsbad*, dada por Robert Amadou, é absolutamente imprópria].

  JEAN SAUNIER: sua publicação do manuscrito ms. 5939, na revista *Le symbolisme* nos 385 e 386, chegou a resultados similares:
  – *Ritual do Convento das Gálias de 1778.*

– *Rituais imediatamente posteriores ao Convento de Wilhelmsbad (1782) com duas redações principais: revisão de 1785, revisão de 1809.*
– *Ritual de Zurique.*
– *Ritual de Genebra em duas partes, datado de 1893-1894.*
– *Ritual remodelado pelo Grande Oriente da França em 1911.*
– *Ritual dito de "Camille Savoire" de 1935.*

Existem outras redações intermediárias contendo variações mínimas.

Como veio a ser dito, a intitulação *Ritual de Wilhelmsbad* dada por Robert Amadou é imprópria, pois, por ocasião do Convento de 1782, foi definido apenas um esboço do Ritual. Sua redação foi confiada a J.-B. Willermoz, que a realizou praticamente sozinho, fornecendo uma versão definitiva somente em 1809.

Eis o que figura nos registros do Convento de Wilhelmsbad (transcrição em francês moderno; as letras maiúsculas e as abreviações são as do manuscrito):

> *Projeto do rascunho para servir de base ao ritual do quarto Grau. (Proposta no Convento, na 28ª reunião, de 28 de agosto, pelo Comitê de Rituais).*
> *O quarto Grau estabelecerá, de acordo com prévias determinações do Convento, uma passagem da Antiga Lei à Nova, figurada pelo Apóstolo Santo André, que abandonou São João Batista para seguir Jesus Cristo.*
> *A Tapeçaria será Verde no Ocidente, ao Sul e ao Norte, e Vermelha no Oriente.*
> *A bateria se fará de quatro golpes com o malhete, e não com a sineta: oo – o – o.*
> *Não haverá Forca ou Patíbulo, e o Candidato não terá a Corda no Pescoço, conforme se encontra em alguns antigos Rituais Escoceses.*
> *O Candidato será anunciado à entrada da Loja pela Bateria de Mestre de 3 x 3.*
> *Ele entrará dando três passos até os Vigilantes; no primeiro Passo, ele fará o sinal de Aprendiz; no segundo, o de Companheiro; e no terceiro, o de Mestre.*
> *Os principais Objetos do Grau, relativos à Antiga e à Nova Lei, serão traçados em dois tapetes, ou Painéis, os quais, caso necessário, poderão estar em duas partes, cada um.*

No segundo Tapete, estarão os Instrumentos maçônicos, as duas Colunas e o Pavimento Mosaico destroçados, figurando a destruição do Templo; a Arca da Aliança, o Altar dos Perfumes, o Candelabro de Sete Braços, a Mesa dos Pães Sagrados, o Mar de Bronze, etc.

A pedra cúbica quadrada, sobre a qual estará a lâmina triangular dourada com a Palavra de Mestre, encontrada no subterrâneo do Templo por um dos Mestres que desceu lá e foi retirado com quatro puxões.

Além disso, o fogo sagrado encontrado durante a Reconstrução; o Mestre Hiram saindo da tumba e ressuscitando.

Enfim, o Cordeiro com o Estandarte Branco e Vermelho, e as letras A † O, representadas acima do monte de Sion envolvido por 12 portas, e os outros emblemas desenhados em um antigo Painel, que foi exibido ante os olhos do Convento.

O Redator deverá empregar os Objetos mencionados anteriormente, da maneira e na ordem mais apropriada, de modo a causar seu efeito, seja na cena, seja na Instrução do referido Grau.

Ele deverá também conservar do Ritual francês tudo o que possa adaptar-se convenientemente ao novo.

Acordado assim no Convento Geral, em Wilhelmsbad.

Em 28 de agosto de 1782.

É bem lamentável que "o antigo painel, que foi exibido ante os olhos do Convento", não tenha sido reproduzido ou descrito; essa lacuna dá lugar a numerosas suposições inverificáveis. Provinha do Rito Francês, como talvez permita supor a última frase dos registros; ou provinha da Estrita Observância, da qual Ferdinand de Brunswick era o Grão-Mestre? Essa segunda hipótese também é completamente plausível, com o painel do Grau figurando um leão deitado sobre o rochedo e a máxima *meliora praesumo* resultante. Além do mais, com certeza, o Grau de Escocês Verde da Estrita Observância foi uma das fontes do nosso Grau de MX, conforme esclarecem os registros do Convento das Gálias de 1778, no relato da reunião de 5 de dezembro.

Esses registros do Convento de Wilhelmsbad provam que uma liberdade muito grande foi dada pelo Convento ao Redator, já que foram fixadas somente as linhas gerais por ele. Isso explica que os diferentes discursos, bem abundantes, refletirão a evolução de seu pensamento entre 1782 e 1809, um longo período de 25 anos marcado por eventos dramáticos, durante o qual J.-B. W. ficará cada vez mais solitário...

As diferentes fases da redação do ritual do quarto Grau e seu contexto são detalhados por J.-B. Willermoz em uma longuíssima carta ao príncipe Charles de Hesse-Cassel, datada de 10 de setembro de 1810. Essa carta foi publicada por Steel-Maret nos *Archives secrètes de La Franc-Maçonnerie*, em 1896, e reeditada como *"reimpressão"* pelas edições Slatkine. Ela figura também nos *Cahiers Verts*, nº 8, de 1986.

Esoterismo? Segredo?

Por que falar de esoterismo? Hoje em dia, esse termo adquiriu múltiplos sentidos. Aqui, nesta obra, é necessário compreendê-lo no sentido da palavra grega que lhe deu origem, *esoterikos*, designando o que provém do interior, o que está por dentro. Originalmente, essa expressão qualificava o que era transmitido apenas por tradição oral, de mestre a discípulo, ou pelo menos a um número restrito de indivíduos escolhidos por suas capacidades naturais para compreender verdadeiramente o conteúdo do ensinamento. Há aí uma repulsa à vulgarização, a qual a Escritura assinala enfaticamente, dizendo: "Não lanceis aos porcos vossas pérolas, para não acontecer que as calquem com os pés" (Mateus 7,6) e "Não fales ao ouvido do tolo, porque ele desprezará a sabedoria de tuas palavras" (Provérbios 23,9). Em nossos dias, isso se torna particularmente verdadeiro quando se trata de vias espirituais bastante afastadas do materialismo usual, e do que René Guénon chama, com a devida razão, de "o reinado da quantidade", que ele qualifica como "sinal dos tempos". Esse esoterismo sempre existiu e encontra-se claramente mencionado, para o ensinamento cristão, por Clemente de Alexandria (160-220 de nossa era) nos *Stromateis*, por Orígenes (185-254) em seu *Contra Celsius* e em seu muito importante *Traité des principes*, etc.[4]

Mas, se esse termo comporta uma noção de segredo, por que fazer aqui o que alguns intitularam de revelação? Antes de tudo, é certo que só lerão estas linhas aqueles que já tenham uma motivação para consagrar seu tempo a isso. Além disso, está escrito: "Nada se encontra tão encoberto que não deva ser descoberto; nem oculto, que não deva ser

---

4. Sobre este ponto, ver *La Franc-Maçonnerie comme voie spirituelle,* J.-P. Schnetzler, Dervy. Para o Esoterismo Cristão mais particularmente: *Introduction à l'ésotérisme chrétien,* Abade Henri Stéphane, Dervy (2 tomos).
Por "Esoterismo Cristão", é necessário entender o que é mais interior nos Mistérios Crísticos, sendo de uma abordagem difícil, não podendo ser objeto de um ensinamento didático compreensível de modo indiferente por todos. Tal via existe nas três religiões abraâmicas provenientes do Livro.

sabido" (Lucas 12,2 e 8,17; Mateus 10,26; Marcos 4,22), até mesmo porque, como o definiam os versículos citados anteriormente, isso não se endereça necessariamente a todos. Além do mais, o que está escrito é uma coisa e a vivência é outra coisa. O que é intelectualmente compreendido não é necessariamente conhecido de modo vital. Eis o que convém compreendermos quanto à natureza do segredo maçônico, pois na realidade é ao conhecimento cardíaco que ele se refere; sabermos o que uma carta contém sobre uma coisa não é conhecer essa coisa. Há uma diferença de natureza, de ordem essencial, entre *saber* e *conhecer*.

Numerosos autores dedicam-se a tentar definir a natureza do segredo iniciático e a razão da impossibilidade de sua revelação. Nós nos contentaremos em evocar a natureza desse segredo por três breves citações de dois personagens totalmente diferentes. A impossibilidade ficará assim evidente. Inicialmente, citemos René Guénon. Ele é muito claro nesse assunto e o retoma por diversas vezes. Por exemplo:

> *O segredo iniciático é como tal, porque que ele não pode ser de outra forma, já que consiste exclusivamente no inexprimível; o qual, por sua vez, é necessariamente também o incomunicável.*[5]
>
> *A proibição de revelar o ensinamento sagrado simboliza a impossibilidade de exprimir pelas palavras o verdadeiro mistério, cujo ensinamento é, por assim dizer, apenas a vestimenta, manifestando-o e velando-o completamente.*[6]

Em seguida, Casanova, um homem que muitos ficarão surpresos ao descobrir sua qualidade maçônica. Na realidade, é um personagem muito diferente do que o imaginário popular elaborou. Ele escreve em suas *Mémoires:*[7]

> *Aqueles que decidem tornar-se maçons apenas para chegar a saber o segredo, só podem enganar-se, pois eles podem chegar a viver 50 anos como Mestre Maçom sem jamais conseguir penetrar no segredo dessa Confraria. O segredo da Franco-Maçonaria é inviolável por sua própria natureza, já que o Mestre que sabe o segredo, só o sabe por tê-lo desvendado. Ele não o obteve de ninguém, ele o descobriu pelo esforço de ir à Loja, de observar, de raciocinar, de deduzir.*

---

5. *Aperçus sur l'Initiation*, cap. XIII, p. 89, Éditions Traditionnelles.
6. *Idem*, cap. XVII, p. 127. Ver também cap. XXXI, p. 205.
7. *Mémoires*, Pléiade, tomo I, p. 627.

Portanto, esse segredo não se encontra de forma alguma na aparência das coisas, dos símbolos e dos emblemas dispostos durante as cerimônias. Além disso, eles só têm sentido verdadeiro quando se tornam sinais àquele que os contempla, àquele a quem eles interpelam; quando eles ganham vida nele e, dessa forma, passam do virtual ao real. É aí, nessa vivência necessária, para ser mais do que um simples devaneio ou apetite intelectual, na transferência de uma influência espiritual, que reside efetivamente o segredo. Ao se crer investido, visto que conhece as formas exteriores, ele volta a se situar no *parecer*, inflando-se com um ar de orgulho; e não no *ser*, e assim fica completamente afastado da realidade da Iniciação.

Enfim, para encerrar essa discussão um pouco estéril sobre o segredo e sua natureza, deixemos mais uma vez a palavra para René Guénon:

> *Basicamente, o verdadeiro segredo, e aliás o único que jamais pode ser exposto de forma alguma, reside unicamente no inexprimível, que é por si mesmo incomunicável, e há necessariamente uma parcela de inexprimível em toda verdade de ordem transcendente; e é nesta que reside essencialmente, na realidade, o significado profundo do segredo iniciático.*[8]

A realidade do segredo, para utilizar esse termo, é o caráter inefável das transformações a se realizar no coração do iniciado quando, abstraindo as formas exteriores, ele contempla a realidade suprassensível da Divindade: o Grande Arquiteto do Universo (G.A.D.U.).

---

8. René Guénon, *Le Règne de la quantité et le signe des temps*, p. 88-89, N.R.F., Gallimard.

As Cores

Algumas pessoas tendem a considerar este ponto como secundário. Nós pensamos completamente o oposto; que ele tem, em toda cerimônia iniciática, uma posição que, mesmo se não for de primeiro plano, não é menos importante. De fato, nenhum Rito, e muito menos o R.E.R., na realidade não o economiza. Apesar de que em nossos dias a percepção da simbologia das cores esteja distorcida, seria lamentável não evocá-la durante este estudo.

O papel das cores jamais é neutro. Elas criam uma atmosfera particular e agem diretamente sobre o comportamento do indivíduo. Está perfeitamente demonstrado que elas provocam certo grau de condicionamento do mental. Um indivíduo, qualquer que seja, não reagirá da mesma maneira em um quarto com paredes de cores frias, e em outro revestido com cores quentes. É bem extraordinário constatar que, apesar de praticamente inconscientes, ou seja, independentemente de nossa vontade, essas reações são muito similares a todos. Se hoje a cor é mais raramente utilizada, apenas como elemento estético ou para criar uma ambientação, ainda há pouco ela tinha uma grande posição simbólica, cuja expressão vinha adicionar-se a esses fenômenos comportamentais. A precisão com a qual os rituais originais do Regime Retificado descrevem as cores dispostas em cada Grau, e muito particularmente àquele de Mestre X, prova amplamente que elas são um suporte que possui sentido na Loja.

Todas as cores estão intimamente ligadas à luz. Toda cor é uma modificação de sua estrutura por uma variação do comprimento de onda. Por isso mesmo, toda simbologia das cores se incorporará, no todo ou em parte, àquela da luz. Ora, o conceito da luz é universalmente atribuído à essência divina; todas as formas tradicionais carregando essa marca. E é a luz o que busca, desde o dia de sua recepção, aquele que caminha em uma via iniciática, pois "a vida era a luz dos homens" (João 1,4). Antes de encontrá-la em sua pureza, para alcançar a vida verdadeira, será necessário que ele se aproxime dela por suas diferentes expressões coloridas servindo como emblema dos diversos modos de manifestação do divino. O simbolismo das cores, que examinaremos apenas superficialmente aqui, nos faz ingressar em uma meditação teológica em vista de uma contemplação mística suscetível a se estender bem além de nosso assunto atual.[9]

A Loja de Mestre Escocês de Santo André, no vocabulário usual, é designada pela expressão de Loja Verde, pois as paredes devem estar dispostas com uma cobertura verde, e os 16 candelabros posicionados ao longo das paredes, assim como aqueles dos quatro pilares ao redor do tapete da Loja, devem portar velas dessa cor. O próprio painel de Mestre X porta essa cor de maneira dominante, envolvendo o branco imaculado que conserva seu significado desde os Graus precedentes. A segunda cor utilizada na Loja é o vermelho. Ele está reservado ao Oriente, o qual reveste a parede e a cobertura projetando-se sobre o altar, assim como o Deputado Mestre, que preside os trabalhos da Loja. Encontramos o vermelho no painel, nas três rosetas dispostas em triângulo sobre o couro branco. Podemos ainda notar que, como em todos os Graus do R.E.R., a cor dourada está presente por intermédio dos objetos metálicos, inclusive os candelabros, que devem ser de metal dourado, caso não seja possível serem verdadeiramente de ouro.

As cinco cores do R.E.R., o branco do Aprendiz, o azul tanto do Companheiro quanto do Mestre, o negro do Mestre e, para encerrar, o branco, o verde e o vermelho do Mestre Escocês de Santo André, que são também as cores maçônicas prevalecentes no século XVIII, encontram-se integralmente nos Élus Cohens, de Martinez de Pasqually, mas com um significado diferente. Essa presença é demonstrada por esta correspondência que ele endereçou a J.-B. Willermoz, em 11 de setembro de 1768, sobre uma cerimônia *Réau-Croix*:

> *Vós tereis uma longa vestimenta branca em torno da qual haverá uma grande borda na cor de fogo, de aproximadamente um pé de largura, e ao redor das mangas, que serão feitas na forma da aurora, haverá paralelamente uma borda na cor de fogo de aproximadamente meio pé; paralelamente, em torno do colarinho da referida vestimenta, haverá um forro da mesma cor por fora do referido colarinho, de aproximadamente cinco dedos de largura;*

---

9. Frédéric Portal, *Des couleurs symboliques*. La Maisnie, 1978 (várias reedições). Ver também: *Le Nom et les symboles de Dieu dans la mystique juive*, Gershom Sholem, Cerf.

além disso, vós portareis todas as cores da ordem, a saber: o cordão azul-celeste do colar no pescoço sem qualquer atributo adicional, o cordão negro atravessado da direita à esquerda, seguido pelo Grande cordão vermelho atravessado da esquerda à direita, e depois a faixa vermelha da direita à esquerda ao redor da cintura, por baixo, acima do ventre; em seguida, vós passareis a faixa verde d'água da esquerda à direita posta sobre o peito. A disposição dessas duas faixas sobre vosso corpo faz alusão às separações materiais, animal e espiritual.

O que é indicado quanto às faixas deve ser similar à Instrução aos Grandes Professos sobre a joia do quarto Grau: "A cor vemelha na qual reside, ao centro, essa letra misteriosa (o H) designa a vida animal, que as une (as duas naturezas) por um tempo".

Louis-Claude de Saint-Martin confirma esse texto adicionando algumas definições no *Le Livre Rouge, Carnet d'un jeune Élu Cohens*, redigido enquanto ele era o secretário de Martinez de Pasqually:

Há apenas três tipos de corpóreo:[10] *o negro, o vermelho e o azul. Mas existem quatro tipos de espiritual: o vermelho, o azul, o verde e o branco; além disso, o branco não é temporal. (§ 707) A cor branca é o e[spiritual] d[ivino], o vermelho é o e[spiritual] t[emporal], e o negro é a destruição (§ 323).*

Considera-se o espírito apenas por suas operações e pelas cores que lhe servem de sinal. O branco é denário, o azul é setenário, o verde é quarternário, o vermelho é ternário, o negro é nonário, o bronze é quinário. A unidade é incolor.

O espírito em seu número radical é 7, visto que ele opera sobre 4 e 3, ou sobre a alma e o corpo.[11]

Todos esses elementos que impregnavam o espírito dos fundadores do Rito, e especialmente o que concerne às cores e aos números, não se encontram expostos em nenhuma parte dos rituais ou instruções do R.E.R., a não ser por vagas alusões, mas é absolutamente evidente que eles influenciaram bastante. Como sempre para esse Rito, teremos uma sobreposição de sentidos.

---

10. § 590. Enquanto subsistir o corpóreo, haverá um sobreceleste, ou um espiritual temporal, embora não corpóreo.
11. *Des nombres*, XXIX – Aspecto sob o qual é necessário considerar o espírito. L.-C.S.-M. O capítulo consagrado aos números fornecerá alguns esclarecimentos.

Tentaremos desvendar, no âmbito restrito da Loja Verde, os principais significados que revestem essas cores no plano simbólico geral e, em seguida, naquele mais particular da heráldica; esse plano não deve ser omitido, visto que esse Grau prepara à via cavalheiresca da Ordem Interior do Regime. Contudo, não nos sobrecarregaremos no complexo substrato martinezista, o que necessitaria ir bem além desse Grau.

O VERDE

O significado mais clássico da cor verde, e conhecido por todos, é o da renovação e do renascimento. Essa simples analogia bastaria para explicar sua predominância em uma Loja, onde toda a cerimônia de recepção estará centrada em uma forma de renascimento que encontraremos no estudo dos quatro painéis. Ao verde do novo verdor estão associadas as ideias de alegria, de esperança, de renovação e ressurreição. No século XII, Hugues de Saint Victor escreveu:[12] "Acima de tudo, não é o verde que arrebata a alma daqueles que o contemplam, quando em uma nova primavera os germes produzem uma nova vida e revestem seus jovens brotos para o céu, eclodindo para a luz, como se fossem a imagem de nossa futura ressurreição?". Na literatura medieval não é raro o verde tornar-se uma imagem do outro mundo. Santa Hildegarde de Bingen, contemporânea de São Bernardo, explica no *Scivias*, livro em que relata algumas de suas visões, que o verde está associado com a fecundidade incessante de Deus. Lá ela escreve sobre o Espírito Santo, que ele é "verdejante vigor" e plenitude criativa.[13]

Desde a época medieval, o verde era utilizado como símbolo da árvore da Cruz, a Árvore da Vida, instrumento da regeneração do gênero humano na Nova Aliança. Por isso mesmo, ele detém na simbologia cristã o símbolo dos regenerados, ou seja, daqueles que por sua caminhada iniciática, resultante de uma firme vontade, são marcados com o sinal protetor, conforme o Apocalipse descreve (9, 4-5): os gafanhotos com picadas parecidas àquelas dos escorpiões "poupando todo verdor" e atormentando "somente os homens que não portassem a marca de Deus sobre a fronte". A marca verde indica muito bem aí uma mudança de estado e a passagem a um universo diferente do universo profano, pelo nascimento para uma vida nova. Além disso, quase todos os caba-

---

12. Patrologie Latine, vol. 176, col. 820-821. Tradução de E. Bruyne. In: *Études d'esthétique médiévales*. Reimpressão Slatkine, Genebra, 1975.
13. Ver: *Les Couleurs du Moyen Âge*, Centre Universitaire de Recherches Médiévales d'Aix (CURMA), p. 258 e segs., 1988. *Scivias* é uma abreviatura usual do tratado *Sci Vias Domini*.

listas concordam em dizer que o Rigor e a Misericórdia divina, as duas colunas fundamentais da árvore das *sephiroth* que permitem àqueles que estão bem avançados no estudo da via perceber a terceira coluna, a do equilíbrio, são simbolizados pela cor verde.

Na relação do verde com a luz, nós nos limitaremos a dois temas: o das velas criando a imagem de uma luz verde e o da esmeralda que, como todas as pedras ditas preciosas, é uma fonte de luz.

Para compreender o sentido que podem ter as velas verdes, que normalmente devem ser utilizadas em Loja, podemos reportar-nos ao que se passava em certas peregrinações, especialmente nas peregrinações marianas. Assim, algumas das Virgens Negras tinham a particularidade de ser honradas, durante suas festas solenes, com velas verdes em seus santuários. Esse costume era ainda mais vivo no início do século, em que o ritual se conservou praticamente intacto.

Por exemplo, em Saint Victor, de Marselha, que corresponde ao mosteiro fundado por Cassien em seu retorno do Oriente, em torno do ano de 415, festeja-se a Virgem Negra uma vez na igreja superior, sob o nome de Nossa Senhora das Luzes, em 25 de março, o dia da Anunciação; e, uma segunda vez, na cripta, em 2 de fevereiro, dia da Candelária, sob o título de Nossa Senhora das Confissões.[14] Ela é então revestida de verde e cada um dos peregrinos desce portando uma vela dessa cor, que será acesa na cripta em um fogo, que se chamava nesse local de "o fogo novo". O costume requisitava que os habitantes da cidade fossem lá também, nesse dia, partilhar desse fogo para transportá-lo com eles. É mais do que verdadeiro que uma grande parte do cerimonial corresponde à sobrevivência de costumes pré-cristãos. E muito certamente é o caso da propagação e transmissão do "fogo novo". Porém, sendo ressurgimento ou não, seu significado intrínseco diante de tudo isso não se modificou, sendo um valor tradicional naturalmente atemporal, mesmo quando ele se adapta exteriormente ao meio e ao momento por completo.

Então, o que é essa luz "verde" das velas? É a luz de uma nova vida que se acende e se eleva no caule verde da árvore da regeneração? Essa é a luz verde da esmeralda, da qual falam os alquimistas? É essa luz verde que perfura os segredos mais profundos; que clareia o caminho do conhecimento que indica, quando a contemplamos, o rosto da Virgem Negra? Conhecimento do qual ela seria aqui a Porta, como Ela é a Porta do Céu (para tomar uma das expressões preferidas de São Bernardo) e que poderia contribuir para revelar essa

---

14. Ver nosso livro: *Réalitiés et Mystères des Vierges Noires*, Dervy. Encontra-se também uma descrição detalhada na obra de E. Saillens, *Nos Vierges Noires*, Paris, 1945.

luz particular? Essa mesma luz verde já era, na tradição órfica, a luz do espírito que fecundou, no início dos tempos, as águas primordiais até então mergulhadas nas trevas. Mas essa luz verde, esse "raio verde", é ambivalente, pois é capaz de transpassar, de ultrapassar o véu, e ele pode plenamente também ser portador da morte assim como da vida, conforme o exprimem diversas lendas.

A esmeralda, da qual emana um raio verde resultante da transformação da luz comum, é também a pedra de Lúcifer,* o portador da luz perdida. Segundo a lenda, essa pedra caíra de sua fronte e se perdera no momento de sua queda, para desaparecer em algum abismo desconhecido de onde ela deverá, um dia, ser extraída. O anjo portador da luz tornou-se o anjo das trevas. Sua chama verde, seu raio verde, obscureceu-se e aparentemente se extinguiu. Ela se apagou deste "mundo daqui" para ficar disponível para o "mundo de lá", retomando as expressões clássicas do misticismo judaico e do *Zohar*. Nesta concepção, esses são os dois mundos coexistentes e que não estão separados nem pelo tempo nem pelo espaço. Eles estão, a todo instante, presentes em nós. Na tradição cristã, não está escrito (Lucas 17,21): "Pois, eis que o Reino de Deus está dentro de vós" (em outras versões traduzindo-se por: dentre vós)? A Verdade é única, qualquer que seja a expressão humana.[15] Essa esmeralda do "portador da luz" perdida tornar-se-á, em uma das séries lendárias, a taça do Santo Graal.**

A lenda, que é apenas outra forma particular de expressão que permite, sob uma aparente maquiagem, a transmissão viva dos valores da tradição oral, faz assim retornar à verdadeira luz o que havia sido confinado nas trevas pela queda. Isso deve lembrar-nos o verso de São João, que figura no Oriente, nos Graus azuis. Ora, tradicionalmente, a queda não é outra coisa senão a perda da luz verdadeira, meta primordial da busca do maçom. Essa perda da esmeralda e depois sua reutilização no aspecto lendário tornam-se evidentes se soubermos que a esmeralda era uma das 12 pedras do misterioso peitoral do Grande Sacerdote do Templo de Salomão. Ela figurava uma das 12 tribos de Israel, simbolizava a luz e dispunha-se em relação com as bênçãos. Não é inútil observar que "esmeralda" diz-se *baraqueth* em hebraico, e que pela substitui-

---

* N.E.: Surgerimos a leitura de *Lúcifer – O Diabo na Idade Média*, de Jeffrey Burton Russel, Madras Editora.
15. Aqui não é o lugar, mas nós nos remetemos a esse tema fundamental, que se encontra, através do conjunto dos Ritos maçônicos, na obra essencial de F. Schuon, *De l'Unité transcendante des religions*, Seuil.
** N.E.: Ver também: *A Linhagem do Santo Graal,* de Laurence Garder, Madras Editora.

ção do *caph* por um *quof*, nós temos o termo *baraquoth*, que significa "Bênçãos". A diferença numérica entre as duas letras (ou seja, 80), correspondendo a um termo que significa "tornar perfeito"; Lúcifer só poderia perder a esmeralda, o ser reintegrado deverá encontrá-la.[16]

Corroborando esse fato, essa mesma cor verde é atribuída pelos Pais da Igreja à virtude teologal da Esperança, virtude que encontramos com o quarto painel do Grau. Aqui ainda se sobressaem as duas faces indissociáveis de um mesmo símbolo. E as velas verdes, aquelas da peregrinação de Nossa Senhora, assim como as da Loja, podem muito bem ser compreendidas como a chama da Esperança: a virtude da Esperança que implica as Bênçãos do alto. Essa Esperança deve ser a virtude essencial daquele que deseja começar a percorrer o caminho iniciático. Enfatizamos bem "começar", pois, contrariamente ao que muitos têm a vaidade de pensar, sempre somos um Aprendiz da via, qualquer que seja o nível em que pensamos estar. Talvez existam raríssimas exceções de seres plenamente realizados, mas jamais os encontramos; e, se for o caso, eles devem ser um exemplar discreto. De qualquer forma, já era adotada essa via que provém do dia das solenidades nessa cripta de Nossa Senhora das Confissões, de nome tão bem escolhido. Não era normal descer de lá em uma luz verde, em uma luz de Esperança? Não é normal tentar renascer nessa mesma luz em Loja?

O VERMELHO E SUA ASSOCIAÇÃO COM O VERDE

A cor vermelha é, por essência, e em todas as tradições, a cor atribuída ao fogo, do qual deriva uma grande parte de seu simbolismo. Como resultado, o vermelho, especialmente o vermelho-vivo, é uma representação do Espírito Santo e do Amor divino, conforme ele se revela aos homens "de boa vontade", quer dizer, àqueles que estão animados "por um verdadeiro desejo", como os rituais repetem por diversas vezes. De alguma forma, sua presença em Loja prefigura o que o quarto painel exibirá. Por outro lado, essa cor representa plena e naturalmente o sangue e os combates; o significado que adquiriu na heráldica, sobre o qual falaremos um pouco mais adiante, constitui um emblema da coragem, da força e do poder. No vestuário, o vermelho sempre foi reservado ao poder real ou sacerdotal e, depois, com o passar do tempo, às castas governantes. No que nos concerne aqui, é necessário reter principalmente que é a cor do Amor, da Força e da Realeza, entendida

---

16. Sobre esse tema das letras, ver nosso livro: *Voie des Lettre, Voie de Sagesse*, edições Dervy.

no sentido de realeza interior, da Arte Real. Ora, o vermelho está longe de ser dominante na Loja do quarto Grau, comumente chamada Loja Verde. Ele está presente na tela de fundo, apenas no Oriente, e essa situação se harmoniza muito bem com a divisa do Grau que, se faz entrever uma possibilidade, nunca diz que a realização está assegurada, pois ela jamais poderá sê-lo. Essa restrição, associada aos princípios intangíveis da caminhada iniciática, varre tudo o que o vermelho poderia simbolizar em seu aspecto negativo, como o orgulho e a retomada do vigor do ego.

Na Escritura, o fogo e o vermelho estão relacionados com o transbordamento do Amor divino, e o verde, com a vida nova, com aquela que ressurge quando o grão germina, o qual deve primeiro morrer, conforme exprime a parábola[17] do Evangelho. A partir dos livros proféticos do Antigo Testamento, os comentaristas, tanto judeus quanto cristãos, expressam que do Eterno emanam três esferas coloridas, correspondentes aos três céus que podem ser colocados em relação com os três mundos. Esses três mundos não devem ser considerados como locais materiais, mas como estados ou modalidades do ser. Para retomar a terminologia utilizada por René Guénon, esses três mundos seriam: o mundo hílico ou mundo das manifestações corporais e materiais; o mundo psíquico ou mundo das manifestações sutis; e o mundo pneumático ou mundo do não manifesto e do princípio. Sendo as três esferas coloridas que lhe correspondem: a esfera da Criação, à qual é dedicada o verde; a esfera da Sabedoria, cuja cor é o azul; e a esfera do Amor de vermelho-vivo.

Desde a mais remota Antiguidade, já existiam nos mistérios pagãos três Graus de regeneração nas cerimônias de iniciação. Esses três Graus eram marcados pela água, pelo ar e pelo fogo, ocorrendo a passagem pela terra previamente, durante o período de preparação. Esses três elementos têm, em toda a eternidade e no conjunto das tradições ocidentais, sido representados, respectivamente, pelo verde, pelo azul e pelo vermelho, sendo o preto, por sua vez, atribuído à terra.[18] Todas as iniciações nos antigos mistérios, pelo pouco que nos é conhecido, comportam provas de passagem por esses quatro elementos. A caminhada pelos elementos, por mais exterior que seja, representava as esferas materiais

---
17. Pode ser útil relembrar o sentido do termo parábola, o francês sendo apenas uma adaptação do grego. Uma parábola é uma analogia, na qual um dos termos é uma realidade sensível pertencente ao campo da experiência comum a todos; o segundo termo, uma realidade espiritual, que se trata de fazer conhecer por outra via, além daquela do intelecto didático. Ora, os elementos de um ritual são, nesse sentido e em grande parte, parábolas.
18. Sobre esse tema, ver nosso livro: *Réalités et mystères des Vierges Noires*, Dervy.

coloridas que o candidato deveria atravessar com sucesso para poder alcançar os três céus e despojar-se de seu entulho.

Já o último Grau nessas iniciações antigas era o batismo de fogo, ou seja, a cor vermelha.

Dirigimo-nos para aí após uma série de renascimentos, ou seja, a cor verde. Essa última passagem pelo fogo era o Grau da santificação, aquele da infusão do Espírito divino, encerrando o ciclo iniciático, conforme demonstra Apuleio, em *L'Âne d'or*. É a partir desse nível que o candidato, caso tivesse as capacidades, poderia passar do virtual para o real, em uma mudança do estado do ser. Esse Grau figura claramente no Evangelho, quando São João Batista diz: "Por mim, eu vos batizo com água em vista do arrependimento; mas aquele que vem depois de mim é mais poderoso que eu... ele vos batizará com o Espírito Santo e com o fogo" (Mateus 3,11; Marcos 1,8; Lucas 3,16). Esse fogo de um vermelho resplandecente se desvanece em um fogo vivo, o Espírito do Pai, e em um fogo brando, o Espírito do Filho, ambos transpostos na iconografia pelo jogo das nuanças de cores. Da mesma maneira, pela estrutura da cerimônia de recepção que surgia claramente com a sucessão dos quatro painéis, e pelo fato de o vermelho ainda permanecer fora de alcance em um longínquo Oriente, não é um pouco assim aqui?

Para compreender melhor o que podia ser o significado das cores vermelhas e verdes, frequentemente associadas ao azul, podemos referir-nos aos manuscritos da Biblioteca Nacional,[19] especialmente a uma Bíblia latina do século X, na qual "O Cristo é envolvido por uma nuvem vermelha. Quanto às auréolas dos querubins e dos anjos que o envolvem, algumas são vermelhas, outras azuis e as terceiras, verdes. Sob os pés nus do Cristo está uma esfera púrpura e a plataforma é dividida em três faixas: vermelho, azul e verde". Essa plataforma, que mostra o número 3, está assim dividida em três cores; o conjunto designa os três níveis próprios de toda a humanidade, mas também aqueles que existem em cada homem em particular, em sua estrutura íntima. Da mesma maneira, a propósito de uma iluminura do século XI "que representa o Pentecostes, o Espírito Santo, está ao centro de uma esfera tripla azul, vermelha e verde. Ele lança raios vermelhos sobre os apóstolos". Esses dois exemplos mostram, mais que longos discursos, qual era a função figurada dedicada às cores e à ressurreição que devemos ver aqui.

---

19. Frédéric Portal, *Des Couleurs symboliques, op. cit.*

HERÁLDICA

Não devemos esquecer que o Grau de Mestre X, se é conhecido como uma consumação provisória da maestria, é preparatório para a entrada em uma Ordem de Cavalaria Espiritual. É um grande intermediador. Desse fato, o sentido das cores utilizadas deve necessariamente fazer apelo à simbologia heráldica, verdadeira língua da antiga cavalaria. É preciso saber que na ciência tradicional do brasão, e é exatamente de uma ciência de que se trata, as cores ou esmaltes servem em primeiro lugar para classificar, para ordenar e para hierarquizar. Em segundo lugar, elas expõem para quem as vê a natureza daquele que as porta, elas caracterizam seu ser verdadeiro. Aqui, as cores da Loja, cores reproduzidas sobre o avental e sobre a joia, são na verdade aquelas do Mestre Escocês.

Essa ciência tradicional correspondia, não há muito tempo ainda, a alguma coisa realmente viva, a alguma coisa verdadeiramente portadora da realidade interior do homem.[20] Nessa ordem de ideia, é necessário pensarmos nessas cores não apenas em nível "terrestre", mas em nível "celeste", assim como é usual. Essa visão celestial da cor é própria da heráldica, na qual não há rigorosamente nada a ver com qualquer noção que seja de estética. Muito ao contrário, ela é o emblema do estado alcançado na via da realização por aquele que a porta inicialmente em suas armas, depois sobre sua túnica.

A escolha de uma ou de diversas cores, a partir de uma palheta restrita (sete cores e dois metais), é estritamente codificada. Na época feudal, seu uso tinha muito certamente uma ligação direta com o modo de pensamento e de compreensão do mundo dominante da época; modo de pensamento que em seguida se enfraqueceu. Iniciava-se a partir de uma determinada escolha, como aquela de um nome que confere ao ser certo nível de realidade. Isso criava uma percepção consciente e direta, que hoje não saberíamos ter espontaneamente. Nesse domínio também houve uma degeneração com o passar do tempo, mas esse conhecimento ainda estava vivo na época da redação definitiva de nossos rituais. Hoje, se os nomes das cores permanecem na linguagem, seu sentido profundo distorceu-se e, muito frequentemente, elas não têm mais do que uma remota relação com aquele que as porta. O novo Mestre X deveria, portanto, encontrar o sentido para ficar apto a compor seu brasão, caso um dia ele fosse admitido na Ordem Interior.

---

20. Gérard de Sorval, *Le Langage secret du Blason*, Albin Michel. A obra comporta uma ampla bibliografia.

Sem poder, no âmbito restrito desta obra, estendermo-nos nesse assunto, nós nos limitaremos a algumas considerações sucintas, mas indispensáveis à compreensão do Grau e a diversos elementos da cerimônia de recepção, remetendo o leitor a obras especializadas, dentre aquelas citadas nas notas.

O vermelho heráldico, cujo nome verdadeiro é o goles, é a cor do combate e da luta; é a do sangue, mas do sangue veículo da regeneração; é a cor da ação e da vontade criadora, o símbolo da Força. "Os escudos de seus heróis são vermelhos, os guerreiros estão vestidos de púrpura..." (Naum 2,3). Se é a cor do combate exterior, é também a do combate interior, visando à aniquilação das paixões, indispensável ao restabelecimento da verdadeira luz. O goles, "testemunha desse combate para reduzir a dualidade na unidade que leva a sacrificar o eu, necessitando verter seu sangue, pois o sangue é o suporte da regeneração, assim como o é da vida em geral". O goles é o início dessa nova etapa. Tudo isso ainda era evidente, ou quase, há dois séculos; mas hoje é praticamente ignorado, por não ser transmitido de modo explícito.

O verde, ou sinople, é também na heráldica o símbolo da virtude da Esperança, que lhe atribuíram, como dissemos, os Pais da Igreja. Mas a diferença reside no fato de que vestir o sinople equivale a afirmar que quem é portador dele torna-se, ou é tornado, ativo. Somente essa virtude permite ir além das aparências, ou seja, destacar-se do mundo das ilusões para alcançar o das realidades. Ele é o símbolo da vida em geral e, mais particularmente, o da vida nova, da vida recriada, como o expôs Hugues de Saint Victor. Aqui é necessário compreender que essa vida nova é a do homem reintegrado que recuperou o conjunto de suas faculdades, que é uma das finalidades da cavalaria espiritual. Convém observar que esse termo sinople, derivado da raiz latina *synopsis*, designou sucessivamente as duas cores: o vermelho, no século XIII, e depois o verde, no século XIV. Daí provém o fato de que se diz que sua virtude secreta é que ele contém o vermelho, o que está longe de ser indiferente para nós aqui.

Esse conjunto de significados e o fato da associação dessas duas cores em Loja e nos ornamentos pessoais do Mestre X, a partir da qual uma contém a outra, expõem a evidência de que a Força, para se exercer, deve iluminar-se com a Esperança.

É necessário não esquecermos de que o ouro, apesar de inacessível, está discretamente presente por meio de todos os objetos metálicos, inclusive a joia do Grau. Ora, esse metal é posto em relação com a perfeição da Essência divina e cada um sabe que ele marca o centro da vida espiritual. É o conjunto do resultado na via, aquele da chamada à transmutação de quem o porta, fazendo-o passar do eu ilusório ao ser permanente e incorruptível. É a transmutação visada pela alquimia espiritual, conduzindo à transformação do homem por Deus e em Deus, a única alquimia verdadeira, bem diferente daquela dos sopradores. Mas é muito cedo para levar isso em consideração nesse Grau, assim como o exprime com pertinência a divisa disposta entre as patas de um leão e sobre a qual teremos a oportunidade de falar amplamente.

Os Números do Grau

A simbologia dos números ocupa uma posição importante no R.E.R. Os diversos rituais, assim como as instruções de perguntas e respostas próprias de cada Grau, insistem frequentemente nesse ponto, seja direta ou indiretamente. Aqueles que permanecem na superfície das coisas contentam-se na maior parte do tempo, nas diversas interpretações propostas, em expor os significados clássicos de seu simbolismo, tal como encontramos em diversas obras tomadas como referências. Não poderia ser assim no R.E.R., pois ao simbolismo clássico vem sobrepor-se aquele, que às vezes pode parecer um pouco estranho, desenvolvido por Martinez de Pasqually, em seu *Traité de la réintégration des êtres*, utilizado por seus "Élus Cohens do Universo", Ordem da qual fez parte a maioria dos fundadores do R.E.R. Essa teoria dos números foi "codificada", caso seja possível afirmar, por Louis-Claude de Saint-Martin (O Filósofo Desconhecido), secretário de Martinez de Pasqually durante vários anos, em um documento interno que deu nascimento a um livro publicado após sua morte: *Des nombres*.[21] Esse simbolismo é de uma grande complexidade e só podemos compreender verdadeiramente lendo muito atentamente essas duas obras de difícil abordagem.

Encontramos aí uma das principais dificuldades inerentes a esse Rito: provém do fato de que diversas fontes sobrepuseram-se e emaranharam-se, com a fonte clássica ficando visível na superfície das coisas

---

21. *Traité de la réintégration des êtres* e *Des nombres*, ver referência na bibliografia. Em uma carta datada de 7 junho de 1796, Louis-Claude de Saint-Martin escreveu: "Os números não são meramente uma álgebra, meu caro Irmão, são os homens que os rebaixaram a isso algumas vezes: eles são apenas a expressão sensível, visível ou intelectual, das diversas propriedades dos seres; as quais todas provêm da única essência. A instrução teórica tradicional permite-nos transmitir uma parte dessa ciência...". (Correspondência de L.-C. de Saint-Martin com Nicolas-Antoine Kirchberger, de 22 de maio de 1792 a 7 de novembro de 1797, carta 90, de acordo com a edição de L. Schauer e A. Chuquet, Paris, E. Dentu, 1862).

e a fonte martinezista ficando sempre mais ou menos voluntariamente velada. Apesar de sermos levados a utilizar alguns dos significados provenientes dessa fonte em particular e pouco conhecida, não é possível desenvolvermos, no âmbito deste estudo, o simbolismo tão específico que ela comporta. Nós nos limitaremos a reproduzir a seguinte tabela sintética que figura no *Tratado da Reintegração,* no § 66, da edição Robert Amadou, sem entrar em maiores detalhes (as expressões entre [] não figuram no Tratado):

1: Unidade, primeiro princípio de todo ser, tanto espiritual quanto temporal; pertencente ao divino Criador. [essência dos seres e das coisas]
2: Número de confusão, pertencente à mulher.
3: Número pertencente à terra ou ao homem. [Princípio da matéria]
4: Quádrupla essência divina.
5: Espírito demoníaco; divisor. [pois o número médio da década é o divisor do denário]
6: Operações diárias; realização da matéria. [operações = culto rendido à divindade]
7: Espírito Santo, pertencente aos espíritos setenários. [primeiros emanados] [Número do Espírito e da Inteligência]
8: Duplamente forte, pertencente ao Cristo, Reparador. [duplamente porque 8 = 2 x 4]
9: Demoníaco, pertencente à matéria. [morte, dissolução]
10: Número divino. [o divino manifestado; operações e produtos]

Outra obra, as *Leçons de Lyon*,[22] levadas em conta nas reuniões de trabalho por uma parte dos fundadores do Rito, abrangendo o período 1774-1776, apresentam alguns esclarecimentos sobre essa tabela sintética. Eis algumas observações que nos ajudarão a compreender o "jogo" dos números, tal como conhecido na teosofia martinezista. (Os números do parágrafo remetem àqueles da edição Antoine Faivre).

Se tudo foi feito pelo senário, tudo é dirigido pelo setenário (§ 16).

Seis atos divinos "operaram a elaboração do Universo"; os dois triângulos, superior e inferior, que constituem a estrela de seis pontas, são o símbolo. O sétimo ato, correspondendo ao sétimo dia, vem finalizar a criação, e esse sétimo ato é figurado pelo centro da estrela de seis pontas (§ 75, § 116).

---

22. Ver referências na bibliografia. As principais edições: Antoine Faivre e Robert Amadou.

O SETENÁRIO DIRIGE A CRIAÇÃO SENÁRIA

As três essências animais e os três princípios corpóreos (sólido, fluido e o envoltório) formam um número senário que é completado pelo menor [o menor é o homem, último emanado], que o torna corporal e espiritualmente setenário. (§ 79) [Isso será explicitamente retomado nas Instruções secretas aos Grandes Professos e remete-nos à expressão bem conhecida "sete tornando-a justa e perfeita", que figura em todos os Ritos, expressão cujo significado no R.E.R. é totalmente diferente daquela em qualquer outro lugar.[23]]

Sete é o número dos espíritos encarregados de acionar as formas corpóreas "com uma forma para tornar sua ação sensível", pois é antes de tudo o número perfeito da criação alcançada pela bênção que o Criador lhe deu por sua sétima e última operação (§ 88) – ver *adiante*.

Será necessário, sobretudo, não considerar que tais significados se resumem a essa tabela de correspondências. É apenas uma síntese, e limitar-se a ela levaria de alguma forma a reduzir o uso do número a um tipo de criptografia, portanto, a algo bastante estéril. Nessa teosofia, o número é considerado como uma entidade, que rege a estrutura do mundo, princípio que encontraremos no mais alto nível do R.E.R. Não se trata, portanto, do estabelecimento de um sistema rígido, reduzindo o símbolo a uma analogia. Assim, isso lhe tiraria o que constitui seu poder, pois uma analogia é apenas uma transposição explicativa, uma relação entre dados essencialmente diferentes, porém semelhantes em alguns aspectos. A analogia não pode de forma alguma, ao contrário do símbolo, tornar vivos os conceitos centrais, conciliando os contrários, ou ativando os arquétipos constelados no espírito daquele a quem se propõe. O símbolo, é necessário não esquecermos, não é uma convenção; ele pressupõe "homogeneidade do significado, no sentido de um dinamismo organizador".[24] Em seu nível mais elevado, ele contribui para fazer nascer uma experiência de ordem numinosa.[25] Ora, como essa experiência é necessária em toda via iniciática, ela é fundamental naquela do Regime Retificado.

---

23. Cf. *Instructions secrètes au Grands Profès*, publicada por Antoine Faivre em anexo na indispensável obra de Le Forestier, citada na bibliografia.
24. G. Durand, *Les Structures anthropologiques de l'imaginaire*.
25. Tomamos aqui o sentido que Karlfried Graf Durckheim atribui a esse termo por diversas vezes (*Le Maître intérieur*; *Méditer, comment et pourquoi*): "conceito que designa uma qualidade de real, em que nos é revelado o sutil toque de outra dimensão, de uma realidade que transcende o horizonte da consciência ordinária [...] O que é vivenciado como numinoso, luz ou trevas, ameaça ou transcende a realidade bem ordenada e circunscrita, e nos faz estremecer [...]". Jung define que o numinoso é uma experiência direta do sagrado.

O símbolo tem múltiplas facetas que falam, como podemos dizer, ao mais profundo do ser; e isso é particularmente verdadeiro no que concerne aos números, na acepção dos fundadores do Rito. Desde a mais remota Antiguidade, eles sempre foram considerados como parte constituinte da estrutura ontológica do homem. Assim, mesmo se for absolutamente certo que Martinez de Pasqually, pelo menos no começo, influenciou ampla e diretamente, e por meio dos Élus Cohens, os redatores do ritual, o uso dos números, como indicadores, corresponde a algo notavelmente mais antigo e muito mais profundo no homem e situa-se no coração da Tradição. Eles se referem aos conteúdos da alma e do espírito que, muito frequentemente adormecidos ou encobertos por um entulho de racionalidade, requerem apenas despertar sob efeito do numinoso para entrar na vibração e conduzir a uma justa tomada de consciência. A própria Escritura não deixa de nos afirmar isso. Não está escrito em Sabedoria 11,20: "Mas Tu tens tudo regulado com número, peso e medida"? Um verso frequentemente utilizado nos comentários dos Pais e dos Doutores dos primeiros séculos. A título de mero exemplo, lemos Santo Agostinho (354-430), na *De doctr. Christ.* II,16. Lá, escreveu ele:

> *A falta de inteligência sobre os números impede o entendimento de muitas das passagens figuradas e místicas das Escrituras... Em muitas das formas dos números estão ocultos certos segredos de similitude, que, por causa da falta de inteligência sobre os números, permanecem inacessíveis ao leitor.*

E também essa tradução dos versos latinos de Alcuíno (735-804), inscritos sob a cornija interna da capela palatina de Aix-la-Chapelle:

> *Quando as pedras vivas estão reunidas harmoniosamente e os números coincidem entre si também, então se eleva esplêndida a obra do senhor criador deste templo.*

Para tentar fazer compreender a importância do número nesses rituais, segundo a via martinezista, utilizaremos um breve trecho do § 96 do Tratado:

> *Ele recebeu imediatamente do Criador, pelo espírito, todo conhecimento das leis imutáveis do Eterno, e aprendeu por aí que toda lei da criação temporal e toda ação divina estavam fundamentadas nos diferentes números. Ele aprendeu desse mesmo Heli que todo número era coeterno com o Criador; e que era por esses diferentes números que o Criador formava qualquer figura, todas*

as suas convenções de criação e todas as suas convenções com sua criatura.

Portanto, é necessário encararmos os números não como ferramentas ou instrumentos quantitativos, mas como a expressão da natureza dos seres, e também como a lei dos seres no domínio temporal (104). Da mesma forma, é necessário evitarmos considerar as operações com eles apenas do ponto de vista da aritmética formal (111), a que Saint-Martin contraporá com uma "aritmética espiritual". Em duas longas passagens consagradas a essa questão, Willermoz, que foi um dos principais transcritores de tais Lições, observa que "os números são a expressão do valor dos seres, o sinal sensível e, ao mesmo tempo, o mais intelectual, que o homem possa empregar para distinguir suas classes e suas funções na natureza universal" (80). Ele recorda o postulado bíblico da Sabedoria 11,20 já citado, que permanece válido para o "ser espiritual", cujo número é a lei e "que constitui sua essência, virtudes e propriedades"; enquanto "o peso é o princípio que determina sua ação, e sua medida representa o comando ou os meios e as faculdades que lhe são dadas para operar segundo sua lei, o que expressa a extensão dos corpos" (85).

O Grau de Mestre X coloca em operação os números, estabelecendo-se claramente sobre aqueles apresentados para reflexão dos Irmãos nos três Graus azuis precedentes. Eles surgem de diversas maneiras, mas estão sempre direta ou indiretamente em relação com a luz, conforme nos sejam apresentados, seja fisicamente, seja nas instruções do Grau. É necessário observarmos aqui que os números utilizados dentro dos três primeiros Graus pertencem à lista das unidades, enquanto aqueles que são introduzidos no quarto Grau pertencem à lista das dezenas. Ora, nós sabemos que os nove primeiros números representam os princípios, e conhecemos também as ferramentas que servem para colocá-los em operação, enquanto o nível das dezenas corresponde a essa atuação em si. O que há de mais normal do que quando deixamos um primeiro plano para ir rumo a outro nível de uma natureza absolutamente diferente, e que se define como uma execução?

Dezesseis é o principal desses números, e ele induzirá outros dois. É o número das luzes dispostas nas laterais da Loja. Elas serão acesas quatro a quatro, durante a descoberta do Nome, ao final do trabalho no segundo painel. É também a idade do Mestre X e a instrução de perguntas e respostas o religa aqui diretamente ao quatro, número fundamental:

"Eu tenho 16 anos, ou quatro vezes quatro anos, representados pelas 16 luzes que iluminam as quatro partes da Loja".[26] Aqui, é implicitamente introduzida a noção de quadrado de um número, noção importante à qual teremos de regressar. No mais, é necessário notar que o ternário, do rigor nos três primeiros Graus, é agora abandonado em proveito do quaternário. Doravante, há quatro luzes ao redor do tapete da Loja, portanto quatro pilares, e não mais três; a bateria se faz por quatro e não mais em um ritmo à base ternária. A marcha do Mestre se faz por três, a do Mestre X se fará por quatro passos e depois por oito passos, ou seja, dois vezes quatro. Há aí a passagem do ternário do homem e da terra à imagem do quaternário divino. Essa passagem do ternário ao quaternário, tipicamente martinezista, está provavelmente lá para figurar a passagem da tripla à quádrupla potência divina, como evocam algumas passagens dos rituais. Nessa ótica, é necessário saber que:[27]

> *Deus pensante, volitivo e ativo de toda eternidade, esta essência vai exprimir-se de duas maneiras, segundo o momento ou sobre o que ele atua.*
> *Quando ele intervém no mundo da forma, na Criação no sentido estrito, sua essência é tripla, pois ele se dá a conhecer por uma tripla Potência: Pensamento, Vontade, Ação.*
> *Quando ele atua no espiritual, sua essência torna-se quádrupla. O pensamento, a vontade e a ação conduzem à operação, sendo a Criatura o resultado da operação. É pela conjunção das três potências criadoras que a Unidade vai manifestar-se pela emanação, ou seja, propiciar fora de seu cerne uma existência distinta para os seres espirituais que ela continha.*

O número 25, o segundo dos dois números-chave desse Grau, é determinado pelas 25 luzes da Ordem da Loja Escocesa. Ou seja, as 16 já indicadas, as quatro dos pilares, as três do candelabro do Altar do Oriente e as duas dos altares dos Vigilantes. Esse número é o próprio quadrado de cinco. É necessário, nesta altura, observarmos que essa menção explícita nos textos, de 25 luzes da Ordem, resulta da soma das nove luzes da Ordem existentes em cada um dos três Graus azuis e das 16 específicas ao de Mestre X. Isso não seria de graça a um Grau, que por um lado é de consumação e, por outro, de passagem. Como sempre, teremos diversos níveis de leitura. Esses números, 9, 16, 25, sendo

---
26. Ritual do Grau. Biblioteca da Cidade de Lyon, coletânea de Willermoz.
27. *Cf.* artigo: *La Triple et la Quatriple Essence divine, sa représentation au RÉR,* de Yves Domenichini, na *Acta Macionica*, Vol. 15, 2005, Revista da Loja de Pesquisa da Grande Loja Regular da Bélgica (G.L.R.B.).

todos os três quadrados, colocam-nos obviamente diante da sucessão 3-4-5, ou seja, os três números que constituem o triângulo de Pitágoras e, consequentemente, o segredo dos Mestres Instalados, que figura na prancha a traçar e na joia dos ex-Mestres. Porém, como salta aos olhos que devemos ler a sucessão desses números como 345, é também, e provavelmente acima de tudo, o valor numérico do Nome divino *El Shaddai* (O Todo-Poderoso), o qual teve uma posição muito significativa nas antigas Lojas Operativas. Uma alternativa evidente, quando se sabe que esse Nome aparece pela primeira vez na Escritura em Gênesis 17,1, em que o Eterno o utiliza para se apresentar a Abraão, o qual se tornará o pai das três religiões do Livro. Seu nome recebe então (Gênesis 17,5) uma letra *Hê* (ה) transformando-o de *Abram* [Abrão] (pai elevado) em *Abraham* [Abraão] (pai de uma multidão). Nós encontramos essa letra muito importante, *Hê*, de valor numérico cinco, na joia do Grau. Mas lá ela tem outro significado bastante complexo, o qual Saint-Martin expõe em sua memória sobre os números no § XII. Ele explica que na "aritmética espiritual" 25 é um quadrado impuro, falso, visto que é o quadrado de 5 (número divisor e demoníaco) e que é bom apenas aparentemente; em razão disso, ele deverá necessariamente ser invalidado. Isso não é lógico para um Grau intermediário?

Assim, constatamos que os números essencialmente colocados em ação pelo ritual são 4, 6 e 25; porém, é necessário lembrarmos que esse último induz o número 9, número do Grau de Mestre, por sua diferença com o precedente. Esse número, emblema da dissolução, adquirirá toda a sua importância na Ordem Interior e, consequentemente, não trataremos dele aqui. O número 8, projeção para o futuro, aparece apenas uma vez. Os três números fundamentais reduzem-se na realidade a dois: 4 e 5, uma vez que 16 e 25 são seus quadrados. Ora, quem quer que seja que se tenha aproximado, mesmo que um pouco, da ciência tradicional dos números, sabe que a elevação de um número ao quadrado, quer dizer, à sua segunda potência, exprime uma ideia de mudança de plano, de realização e de perfeição. Segundo René Guénon:[28] "A elevação a potências sucessivas representa graus de universalização crescente" e "A elevação dos números à segunda potência indica que isso se reporta ao domínio das forças universais [...] ou seja, propriamente ao domínio anímico (o qual tem alma como princípio de ação; logo, o segundo dos

---

28. *La Grande Triade*, p. 177, N.R.F., Gallimard. É necessário observarmos que encontramos algo de perfeitamente similar na tradição chinesa. Ver *Les 9 figures de base de la pensée chinoise*, Alice Fano, Trédaniel, assim como *La Pensée chinoise,* de Marcel Granet, Albin Michel. Encontramos no Tratado de M. de Pasqually diversas referências estabelecidas com o pensamento chinês.

quatro mundos), aquele que para o homem no macrocosmo, e no centro do qual, como termo mediano, situa-se a vontade no microcosmo".
É necessário também lembrarmos que, na leitura martinezista, a elevação a uma potência é a via da multiplicação:[29] "A multiplicação é a rota traçada para se ir das raízes quadradas e cúbica às suas potências, e vice-versa; pois essa segunda geração concerne apenas às faculdades dos seres; é necessário que tenham a facilidade de produzi-las e de se replicarem sobre si mesmas, as quais se tornam um novo argumento para a liberdade, a qual, independentemente de nosso sentimento natural, é provada aqui pelas leis do números".

É evidente que não desenvolveremos aqui o riquíssimo simbolismo dos números três, quatro e cinco, que são os três números fundamentais, sobre os quais muito foi escrito. Nós nos limitaremos aos aspectos que têm relação direta com a via iniciática e, mais particularmente, com a do Regime Retificado.

O NÚMERO 16 E O QUATERNÁRIO

O número 16 é tradicionalmente um número de evolução. Em seu aspecto positivo, ele conduz a uma libertação; em seu aspecto negativo, ele conduz a uma estabilidade imutável e a uma ligação com as restrições do mundo material. Aqui, estando associado com a luz, é necessariamente seu aspecto positivo que convém considerar; sendo o outro aspecto, de alguma forma, colocado sob guarda. Esse número também pode ser lido como sendo dois vezes oito, ou seja, um produto, dispondo assim a relação ou a fusão da dualidade e do número oito. Ora, um dos significados principais desse último número, o único que nós evocaremos aqui, é o do homem do oitavo dia. Esse homem é o da criação nova. Nós o encontraremos, como em uma confirmação, no quarto painel do Grau com a *terra nova* e o *céu novo*, retomado do Apocalipse. Essa recriação pode ou não marcar uma regeneração – na linguagem martinezista, uma reconciliação – de acordo com o caminho escolhido, é por isso que o vemos aqui associado ao dois para indicar a alternativa. Essa possibilidade de escolha, sempre ofertada ao homem, está claramente indicada na Escritura por diversas vezes, especialmente em Deuteronômio.[30] Podemos também ilustrá-la, de acordo com as

---
29. Tratado *Des nombres*, § XII.
30. Por exemplo: "Eis que Eu ponho diante de vós a bênção e a maldição..." Deuteronômio 11,26; e "Eu coloquei diante de ti a vida e a morte, a bênção e maldição, tu escolherás..." Deuteronômio 30,19.

regras da gematria, por dois termos em hebraico, cujo valor numérico é 16. O primeiro, *Hava*, que se escreve com as três últimas letras do Tetragrama (הוה), que significa "viver, existir, ser". O segundo, *Hov*, começando pela letra <u>*Heith*</u> (ה), símbolo da queda e do obstáculo, significa "ser culpado, culpabilidade".

O primeiro nível de escolha ofertado ao recipiendário é o de prosseguir ou não sua caminhada iniciática. Isso não é uma simples fórmula, pois muitos pensam erroneamente, entretanto sem jamais conceber explicitamente, ter passado do virtual para o real há muito tempo. É o caso daqueles que veem nesse Grau, que está além dos Graus azuis, um mero acréscimo de conhecimentos de ordem intelectual, ou que sentem aí uma satisfação do ego, que pensam adquirir por intermédio dele algum poder ou potência; enquanto não é nada disso. O segundo nível de escolha ofertado é o das modalidades da via. Os temas de meditação que lhe foram dados durante sua estada na câmara de preparação, infelizmente muitas vezes tornada muito breve, deverão fazer-lhe compreender. A natureza da escolha que lhe é proposta é tão evidente que o número oito aparece explicitamente apenas uma vez no ritual, no momento da marcha do Mestre X ao Oriente, uma circunstância que não permite ambiguidade.

O aspecto negativo da escolha corresponde ao que se é correto chamar, em uma caminhada iniciática, de falsas motivações, cuja origem pode ser múltipla. Mas elas estão sempre associadas a um conjunto de vaidades, sejam exaltadas e triunfantes, sejam angustiadas e frustradas. É um surgimento da necessidade de parecer e de distinguir-se exteriormente de seus semelhantes, não com a meta nobre da realização espiritual, mas com aquela muito mais banal de ser reconhecido pela consideração de outrem, pelo que se estima ser seu justo valor. É uma degradação manifestada, mais frequentemente, pela noção de estima. A estima justa que se torna uma estima exagerada de si mesmo, em compensação de uma prévia baixa estima por culpa. E, então, a via iniciática torna-se uma verdadeira emboscada àquele que perde o equilíbrio. A manifestação mais benigna é o fenômeno bem conhecido de "*cordonnite*",* o mais grave é a inflação desmedida do ego. Não podemos pensar que há aí uma representação do número 25 na interpretação de Saint-Martin da qual falamos?

---

* N.T.: Termo usual na Maçonaria Francesa, que caracteriza a mania de ostentação pela coleção de honrarias e condecorações, tais como as medalhas.

Mas um ponto particular parece muito importante aqui: a presença e a insistência feita pelo jogo dos números, quanto à noção de quadrado. Como foi dito um pouco antes, esse número 16 é um quadrado: de quatro, o número fundamental da aritmosofia martinezista. O ritual não deixa de insistir nas instruções com perguntas e respostas. A citação feita anteriormente dá uma ideia exata.[31] Nós já dissemos brevemente o que recuperava a passagem de um número à sua segunda potência no simbolismo tradicional e qual era a importância. No mais, é necessário observar que, geometricamente falando, passar de um número ao seu quadrado chega a adicionar uma nova dimensão. Ora, até o Grau de Mestre inclusive, o maçom se desloca no plano horizontal; por essa adição figurada, sobre a qual se supõe que o novo MX tome consciência por si mesmo, não se faz outra coisa senão adicionar uma dimensão essencial, até então ausente, e que só pode ser a vertical. Não se trata somente de imaginar o homem ereto da tradição, que é preliminar ao homem verdadeiro, na via da realização. Por essa vertical, o baixo e o alto encontram-se virtualmente religados e a função do prumo, a joia do Segundo Vigilante que indica o eixo vertical, concretiza-se e explica-se.

Antes de deixar o número 16, é necessário reportarmos aqui a outra faceta de sua interpretação: a leitura martinezista.

J.-B. Willermoz introduziu o número 16 nos rituais retificados, sem jamais expor claramente nem sua fonte nem seu pensamento. Se ele o fez enquanto ainda estava ativo na Ordem dos Élus Cohens, devemos tentar compreender o que ele desejou insinuar. Para isso, é necessário interpretarmos o 16 de acordo com as convenções do tratado *Des nombres,* de Saint-Martin. Devemos, então, interpretá-lo como sendo a representação dos números 1 e 6, conduzindo ao número 7, pela soma teosófica 1 + 6 = 7. Ora, as explicações fornecidas pelas *Leçons de Lyon* e as do Tratado, as quais citamos no início deste capítulo, dizem-nos que, se tudo foi feito pelo senário, tudo é dirigido pelo setenário (*Leçons* § 16). Elas definem que seis atos divinos "operaram a elaboração do Universo"; o sétimo ato, correspondente ao sétimo dia, vem finalizá-la (*Leçons* § 75 e 116). Nós temos bem aí uma fórmula do 6 + 1. Em tais lições, a quarta Instrução, da segunda-feira do dia 17 de janeiro de 1774, ainda reforça esses pontos:

O templo de Salomão [...] foi erguido sem qualquer utensílio de metal para figurar que a Criação universal provinha da mera vontade e poder do Criador, e que a matéria é apenas aparente, para representar até mesmo que o corpo de matéria do primeiro homem, assim

---

31. Ver nota 26.

como o do Cristo, foi formado sem concurso de qualquer operação física material, ele foi construído em seis anos e dedicado no sétimo para figurar os seis dias ou os seis pensamentos divinos que operaram a elaboração do Universo, e o sétimo, que é a bênção do Criador de sua obra, a apresentação que lhe foi feita pelo G(rande) A(rquiteto), e a incorporação temporal dos sete agentes maiores emanados para mantê-lo e dirigi-lo sob a direção superior do Espírito maior, ou o G(rande) A(rquiteto).

Não podemos ir mais adiante nessa abordagem martinezista porque isso necessitaria um estudo aprofundado prévio do *Tratado* de Martinez de Pasqually e do livro dos números de Saint-Martin. Nada impede o leitor de se aventurar nisso.

Quanto a tudo o que se trata do quaternário, em sua relação com a quádrupla potência divina e com a teosofia de Martinez de Pasqually, reportamo-nos ao volumoso artigo já citado,[32] lançado na revista *Acta Macionica*. Em uma visão mais clássica, a imagem do quaternário é um símbolo de totalidade e existe permanentemente em tudo o que está em relação com a situação fundamental – ou seja, ontológica – do homem.[33] Nós o encontramos inscrito em sua estrutura física, que tem referência com a cruz e o quadrado, apesar de que o número fundamental do homem no simbolismo tradicional seja o cinco. Nós o encontramos ao longo de todo o seu desenvolvimento espiritual. É o número das portas que o adepto da via mística deve cruzar no Sufismo para alcançar a Sabedoria; é o número dos quatro seres vivos, constelados de olhos, da visão de Ezequiel; e o das quatro vezes três portas que dão acesso à Nova Jerusalém, do Apocalipse. É o número das funções fundamentais da consciência: o pensamento, o sentimento, a intuição e a sensação (11). É o das qualidades ou virtudes (Verdade, Misericórdia, Justiça, Paz) do Salmo 85,11, consideradas como os atributos divinos, que, personificados, vêm instaurar o reino do Eterno na terra e no coração dos homens. Esse verso foi estudado e meditado por gerações de monges e buscadores no decorrer dos séculos, tanto no Cristianismo quanto no Judaísmo. A Idade Média monástica, em seus numerosos comentários sobre esse salmo, inspirou-se fortemente na exegese judaica do *midrash Bereshit Rabba*, o principal comentário tradicional do Gênesis. Boèce insiste no quaternário em sua aritmosofia e Santo Agostinho estabelece uma verdadeira equação, colocando em paralelo os quatro

---
32. Ver nota 27.
33. Ver sobre esse assunto: C. G. Jung, *Dialectique du moi et de l'inconscient, L'Âme et le Soi, et Psychologie et Alchimie*.

rios do Paraíso, os quatro evangelistas, as quatro virtudes do salmo 85 e o homem ereto.[34] Gregório, o Grande, definirá a alma do justo como uma "consciência quadrada".[35] Não acabaríamos de citar os célebres paralelos.

Essa função do quaternário, caso ela sirva para exprimir a estrutura do mundo e a do homem interior, qualifica também o processo do conhecimento espiritual. Isso já provém das exegeses do salmo 85, mas a epístola de São Paulo aos Efésios (3,18) diz o mais claramente possível: "Vós recebereis a força para compreender, com todos os santos, o que é a largura, o comprimento, a altura e a profundidade". Essa epístola, cuja formulação induz a manifestação da imagem de um cubo e adiciona a profundidade às três dimensões usuais para chegar ao número quatro – não esqueçamos que, por sua formação, Paulo tinha um íntimo conhecimento dos comentários da Escritura, torna-se um auxílio particular aqui, já que ela enfatiza a virtude particular do Grau, a Força, que o recém-chegado deve adquirir plenamente e colocar em obra.

O quatro, como característica da via do conhecimento espiritual, encontra-se nos Pais com os quatro sentidos da Escritura que, por ordem crescente de complexidade, são: histórico, alegórico, tropológico e anagógico. Antes deles, a exegese judaica seguia uma via completamente similar, com o sistema chamado *Pardès*.[36] Tanto em uns como em outros, a aquisição do conhecimento verdadeiro é progressiva, gradual e faz-se em quatro tempos. Em tudo e por toda parte, o quaternário se apresenta como um ritmo ordenador que permite preservar a estabilidade e a totalidade da transmissão. Para levar em conta a importância desse número na via espiritual, citaremos o que escreveu o papa Leão IX, em 1053, na [Igreja de] Pedro de Antioquia: "Eu reconheço plenamente quatro conselhos, assim como venero quatro Evangelhos, porque a Igreja é universal nas quatro partes do mundo sobre as quais ela repousa como uma pedra quadrada".[37]

---

34. *La Cité de Dieu* (XIII, 21). Ver também: E. Molland, *Les Quatre Filles de Dieu dans le miroir royal norvégien, exégèse médiévale du psaume 84, 11* (numeração da Vulgata), em *Mélanges offerts au cardinal Daniélou,* p. 155-168.
35. *Commentaire sur Ezéchiel,* 2, 10, 18.
36. *Pardès*: palavra hebraica que significa "Paraíso" e cujas 4 letras são as iniciais dos 4 sentidos da Escritura: *Péshat* ("simples", o sentido literal), *Remez* ("alusão", os múltiplos sentidos ocultos em cada frase, cada letra e cada sinal), *Derash* ("exposição", as verdades doutrinárias abrangendo todas as interpretações), *Sod* ("mistério", iniciação à Sabedoria divina oculta na Escritura).
37. Yves Congar, *La primauté des quatre conciles oecuméniques. Origine, destin et portée d'un thème traditionnel.* Em *Le concile et les conciles,* p. 75 a 109.

A PASSAGEM DO TRÊS PARA O QUATRO

Como indicamos sobre a bateria, os pilares e a marcha específica do Mestre X, o habitual ternário dos Graus azuis cede lugar a uma forma quaternária. Se o quaternário é o símbolo de uma totalidade estruturada, o ternário, limitando-se ao seu significado no plano humano, denota uma falta, uma deficiência ou um equilíbrio precário. O sentido surge nitidamente aqui, em que passamos dos três pilares dos Graus azuis que, arquitetonicamente falando, são a imagem de um equilíbrio estável, porém frágil, para quatro pilares que, nesse mesmo domínio, asseguram uma perfeita estabilidade. Um sistema de três pontos é tecnicamente chamado de sistema estável; um sistema de quatro pontos é dito hiperestável. Qual é então o quarto fator que veio adicionar-se ao triângulo Sabedoria – Beleza – Força dos Graus anteriores? O estudo detalhado que faremos dos quatro painéis permitirá compreender que esse número induz a uma figura do homem realizado, na realidade sua figura ideal, pois no estado atual ele ainda está bem longe de sê-lo. Essa passagem, de fato, confirma uma possibilidade e uma antecipação. Quem pode, com toda sinceridade, afirmar ser capaz de permanecer definitivamente, *ad vitam*, estável e firme na via escolhida? Como afirmar que jamais falharemos?

Se no plano humano o ternário possui, entre outros sentidos, aquele de equilíbrio precário, não vai ser da mesma forma para os planos sagrado e divino. O ternário ou "triunidade" torna-se aí a imagem de uma unidade perfeita, que integra todas as possibilidades de dualidade, mas aqui não é o lugar para se realizar essa análise.[38] Porém, devemos dizer, com o risco de parecer herético, que essa unidade divina trinitária transforma-se no plano terrestre em um quaternário estável, pela inclusão do componente do Mal agindo como um corolário do Bem. (Esse foi o espírito da IV proposição do mestre Eckart, condenado em 1329 pelo papa João XXII.) É o quarto componente inerente ao homem.

A unidade divina perfeita se exprime por um quaternário animado de um ritmo ternário que podemos tentar esquematizar pela tripla relação Pai – Filho – Espírito; eixo luminoso da Divindade; Filho oposto ao polo obscuro, que é Satã; resolução da dualidade na unidade do Espírito Santo.[39] Para concluir essa passagem do três para o quatro nesse

---

38. As obras sobre este tema são numerosas. Na numerologia clássica, o 3 é considerado como a fusão do 1 (a unidade) e do 2 (a dualidade).
39. Cf. C.-G. Jung, "Le problème du quatrième. L'idée d'une quaternité", em *Essais sur la symbolique de l'esprit*, Albin Michel, 1991, p. 201 a 203.

nível, retomemos a frase de Henry de Lubac, em sua *Exégèse médiévale* (II, II, p. 29): "Três e quatro, é assim a transcendência e a imanência. É Deus e o homem, ou Deus e o Universo. É o eterno e o temporal [...] A diferença desses dois números é a de duas zonas de seres, irredutíveis".

Retornando ao quarto pilar, ele comporta ainda outro significado, em relação direta com a Maçonaria Clássica. Ele é o pilar do ângulo nordeste, o ângulo em que se posicionava a primeira pedra do edifício; o ângulo sobre o qual se apoiava, durante a construção que frequentemente ultrapassava o período de uma vida, a Loja de Arquitetura, a Loja dos Maçons Operativos.[40] Nesse local, elaboravam-se os princípios da construção, de lá partia a obra que devia erguer-se direita e pura. Esse ângulo e essa pedra têm relação com a pedra fundamental e a pedra angular, a pedra rejeitada pelos construtores do salmo 118,22.[41] Não é inútil lembrar que no R.E.R., até o terceiro Grau, o Templo estava destruído; no quarto, começa a construção do segundo Templo, o de Zorobabel, como veremos no segundo painel.

O QUINQUENÁRIO E O NÚMERO 25

Seremos menos prolixos quanto a esses dois números, pois encontraremos grande parte do simbolismo do quinário com o estudo da joia do Grau, particularmente com a letra H disposta em seu centro. Dentre os múltiplos significados, o número cinco possui duas particularidades importantes no caminho maçônico: ele é um símbolo do centro e uma representação simbólica do homem na relação macrocosmo-microcosmo, relação que é uma constante das ciências tradicionais. Além desses dois pontos, o quinário se liga à quintessência, a qual também comporta uma ideia de centro. Ele é encarado, então, como sendo o fruto da soma de uma unidade à quaternidade (4 + 1). Ou seja, que ele se forma pela adição às quatro tendências elementares que compõem o mundo, de um quinto elemento unificador, ligando-os e assegurando a coerência. Os alquimistas, segundo essa abordagem particular, chamam-no de *semente*, em oposição aos quatro elementos que são os receptáculos ou a *matriz*. A propósito, a Instrução secreta aos Grandes Professors citada faz alusão a isso.

---

40. No terceiro Grau do R.E.R., antes da abertura efetiva dos trabalhos, o pilar noroeste fica posicionado no nordeste. Esse fato, do qual a instrução de perguntas e respostas não fala, encontra sua explicação no quarto Grau.

41. Sobre esta questão, ver *Symboles fondamentaux de la science sacrée*, René Guénon, N.R.F., Gallimard, cap. XLIII, XLIV, XLIX.

O cinco, meio dos nove primeiros números (1-4, 6-9), tem uma posição mediana, conferindo-lhe uma imagem de centro, e é aí que reside uma das principais chaves para sua decifração, sobretudo na Maçonaria, assim como, de qualquer forma, em todo caminho iniciático, em que a noção de centro é uma das mais importantes, além de ser conhecida por todos. Esse significado, sozinho, bastaria para justificar sua presença. Por essa posição central, posicionando-o no coração da década pitagórica, ele é um sinal de união, de harmonia e de equilíbrio. Nesse aspecto, ele era percebido desde a Antiguidade como o número do casamento do princípio celeste – o três – com o princípio terrestre – o dois. É daí que provém seu uso como emblema da hierogamia na alquimia. É também, e o mais importante aqui é provavelmente a noção de centro, o número da criatura e da individualidade. Ele é então lido como a soma 3 + 2, ou seja, a atividade criadora do verbo (o ternário) exprimindo-se no finito (o binário).[42] Mas é também essa posição de centro da década (e daí, de divisor do denário) que lhe propicia seu caráter negativo na interpretação martinezista. O lado branco e o lado negro jamais podem ser totalmente dissociados.

Existem três representações geométricas essenciais que mediam esse número, todas as três referindo-o ao homem, e duas dentre elas fazendo surgir uma imagem de centro.

A primeira representação é a da cruz com seus quatro braços e o centro representado pelo ponto de cruzamento. Não trataremos aqui do riquíssimo simbolismo da cruz, sobre a qual foram publicadas numerosas obras, dentre as quais a de René Guénon. Originalmente, e antes do Cristianismo, a cruz é uma imagem do equilíbrio do Universo, reconduzindo as quatro direções do espaço a um ponto central, em uma primeira leitura quando a observamos no plano horizontal. Em uma segunda leitura, considerando-a como estando erguida, ela faz a horizontal e a vertical se interpenetrarem, assinalando lá também um ponto particular, o da conjunção delas. É por isso que os antigos autores afirmavam que o mundo era regido por cinco leis fundamentais, relação que encontramos também, em uma época mais próxima de nós, nos Pais da Igreja. Assim, o número cinco, sendo atribuído ao centro da cruz, tornou-se um símbolo de ordem e de perfeição; ele representa a manifestação da vontade divina.

Quando o homem se inscreve na cruz, assim como o representa Santa Hildegarda de Bingen nas iluminuras e nos desenhos de seus

---
42. Q. R. Allendy, *Le Symbolisme des nombres*, Trédaniel, 1984, p.123.

manuscritos,⁴³ ele é constituído por cinco quadrados iguais no sentido da altura (cabeça, peito, bacia, da bacia ao joelho e do joelho aos pés); e no sentido horizontal, por dois quadrados para cada braço e por um quinto para o peito. O ponto central, o centro da cruz, é o local do coração, renomado por ser a sede do verdadeiro conhecimento. É perfeitamente evidente que essa representação corresponde completamente à via do Regime Retificado.

Em uma segunda representação geométrica, o número cinco é a hipotenusa do triângulo retângulo pitagórico de lados 3, 4, 5, já evocado. Assim, ele representa o homem ligando a terra, figurada pela base do triângulo, ao céu, que é o lado vertical. O homem afirma assim, em sua realização, ser o liame entre o criado e o verbo. Encontramos aí, em parte, a leitura do quinário, segundo a soma 3 + 2, evocada anteriormente. Essa representação, mesmo que seja particularmente atual para o simbolismo maçônico, não é própria de uma tradição específica; ela é quase universal⁴⁴ e corresponde a uma concepção tradicional do homem verdadeiro.

Uma terceira representação apresenta o pentagrama estrelado, a estrela flamejante bem conhecida, pelo menos teoricamente, do Companheiro. Essa estrela é um símbolo do microcosmo e geralmente figura em um círculo, que por sua vez simboliza o macrocosmo. Aqui não é lugar de estudar isso, mas é necessário lembrarmos que o pentagrama é considerado como uma das chaves da Alta Ciência, abrindo a via para a penetração no segredo. É por isso que é particularmente interessante observar que "Nas iluminuras medievais, o homem-microcosmo é geralmente representado com os braços e pernas afastados, a fim de indicar melhor as cinco pontas do pentagrama".⁴⁵ A partir do homem na cruz e do homem na estrela de cinco pontas, Hildegarda de Bingen afirma que "o homem é então regido pelo número cinco...". Nessa representação aqui, o centro não é mais o coração, mas o púbis. Esse deslocamento representa o poder de geração. Lemos aí também o retorno à androginia primordial por meio da associação do primeiro número ímpar, o três, representando o masculino; com o primeiro número par, o dois, imagem do feminino. Pela estrela e pelo número cinco, estamos posicionados diante de um símbolo do homem em termos da evolução biológica e espiritual. E como todo símbolo é uma conjunção de contrários, basta

---

43. M. M. Davy, *Initiation à la symbolique romane*, Champs Flammarion, 1977, p. 165-166.
44. Cf. Alice Fano, *Les 9 figures de base de la pensée chinoise, op. cit.*
45. M. M. Davy, *op. cit.* p. 166 a 168.

virar o pentagrama, com sua ponta ficando então para baixo, para que estejamos na presença de uma imagem da regressão e da queda.

Simbolizar o homem assim volta a simbolizar o ser. Isso adquire seu pleno sentido quando lembramos que toda palavra, todo ato e, mais ainda, caso se reportem a um dado divino, tornam-se atuantes e significativos, apenas à medida que essa palavra e esse ato despertam no homem o que lhe há de mais íntimo e mais profundo, pois é lá que reside uma espécie de matriz da vida espiritual.

A Cabala considera o homem encarnado como constituído de cinco partes unidas, porém distintas. Uma é material, o corpo; as outras quatro são espirituais em Graus etéreos sucessivos. Elas correspondem, nesse corpo, a quatro níveis da alma, indo do *Nephesh*, ou princípio vital no "respiro do respiro", que é a tênue extremidade em relação com o mundo divino. Entre os dois encontram-se *Ruach* (Sopro) e *Neshamah* (Respiro), que é o Espírito. Mas a Cabala enfatiza que, se as duas primeiras modalidades estão sempre presentes (*Nephesh* e *Ruach*), as duas outras devem ser despertadas, ativadas, por um caminho voluntário ao divino. A última modalidade, o "respiro do respiro", exige que todos os canais estejam abertos, e isso só se alcança por uma verdadeira ascese.[46]

Tudo o que foi dito do cinco encontra-se no número 25, mas em outro plano, já que ele é o quadrado. Há entre esses dois números uma relação completamente similar àquela que nós vimos entre o quatro e o 16, restrição destacada pelo que dizia L.-C. de Saint-Martin (*cf. supra*). Esquematicamente, 25 é a multiplicação das criaturas encarnadas operando de maneira harmoniosa no mundo do espírito e da matéria. Ele caracteriza a conjunção dos opostos. Se observarmos esse número como o fazia um dos mestres da Cabala, Abraão Abulafia, seria necessário lê-lo como sendo 24 + 1, ou seja, o número 24 considerado por quem o observa, ou utiliza-o, mas que ainda lhe é externo. Ora, esse número tem uma grande participação no Apocalipse que encontraremos com o quarto painel.[47]

Muito brevemente, o número 24 exprime as relações existentes entre os ciclos permanentes e as necessidades de evolução. Ser colocado diante dele para se fundir nele exprime a obrigação de se tomar consciência, do dever de perceber que existe um liame entre o temporal e o atemporal. Em outras palavras, saber intimamente que, se na libe-

---

46. *Zohar*, *Le Livre de Ruth*, p. 125, tradução de Ch. Mopsik, Verdier, 1987..
47. Este princípio surge claramente no estudo dos números, quando o 25 lê-se como: 2 x 12 +1.

ração da via encontra-se uma estabilidade real, já expressa pelo 16, há numerosos caminhos e retornos possíveis para "a casa inicial", se é que se pode exprimir assim. Nada jamais é adquirido definitivamente, enquanto o homem, o eterno buscador, não tenha se tornado uma unidade autônoma e indivisível, uma totalidade.

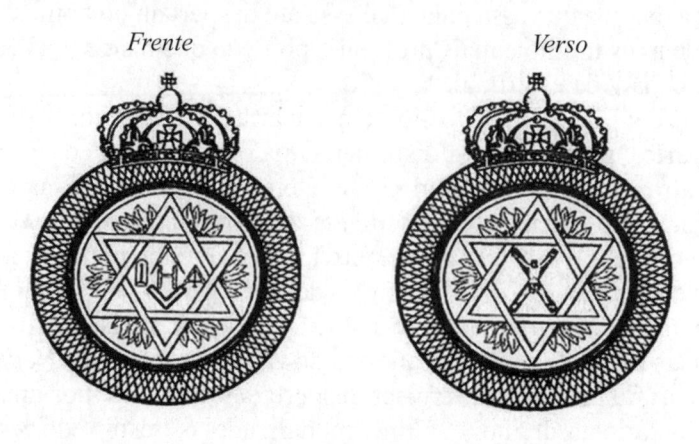

Frente *Verso*

Joia de Mestre Escocês de Santo André

DOS QUATRO NÚMEROS

Somos forçados a constatar que esse conjunto de números encontra-se sob diversas formas em todos os pontos do ritual. Ele está sempre presente lá, quer se trate das representações materiais ou dos discursos. Esses quatro números colocam em evidência um simbolismo de totalidade e de universalidade por meio do quatro e do 16; do ser passando a um novo plano por intermédio do 25, e do cinco, conforme esperamos ter demonstrado. Porém, seus aspectos obscuros não ficam como tal negligenciados ou ausentes. Isso deve, mesmo particularmente, ser lido como uma fusão ou identificação com uma imagem ideal, como se fosse a de Hiram, como alguns querem limitar a leitura? Se fosse isso, seria restritivo e doutrinário. É certo que um justo equilíbrio deve ser mantido entre o significado literal e o espírito; o significado literal sozinho imobiliza, o espírito sozinho pode induzir derivações. Antes de tudo, é necessário lembrarmos que um ritual é escrito para "o exterior" e para "o interior", assim como certos rolos antigos portam de um lado a Torá e do outro o Targum.

Não se trata, muito certamente, de uma assimilação de um modelo, pois toda forma de identificação acarreta uma regressão da consciência e uma perda de autonomia. Esses símbolos exprimem que a busca pela totalidade deve conduzir, segundo uma determinada via própria ao R.E.R., a uma unificação interior do ser suscetível de colocá-lo no estado de um dia tomar consciência de sua realidade ontológica. Essa realidade pode, em um primeiro tempo, ser fortemente desestabilizadora, até mesmo perigosa, obrigando-o a se desfazer de um bom número de experiências. Ela é, na verdade, uma diferenciação que exclui qualquer forma de identificação, pois ela permite tornar-se a si mesma uma via adequada.

O conjunto desses quatro números, assim como todos os outros elementos do ritual, quaisquer que sejam, são de fato uma ilustração do papel intermediário desse Grau, de sua função de passagem e da obrigação de uma tomada de consciência, e todos se associam para mostrar a via sob um ponto de vista particular. Uma dessas facetas, à qual talvez estejamos mais sensíveis do que à outra, é capaz de desencadear a caminhada de maneira efetiva.

A Joia do Grau

O costume, datando do século XVIII, deseja que chamemos de joia a medalha emblemática do Grau que o Mestre Escocês porta suspensa por um cordão com as cores da Loja e do avental, ou seja, vermelho e verde. Essa joia não é uma bugiganga como em muitos outros casos, tais como aqueles que os portadores se deleitam, associando-as a títulos bastante belos, alguns detentores de funções de obediências, as quais entretanto deveriam ser apenas administrativas. Essa medalha, assim como as joias que os Oficiais da Loja portam, deve lembrar àquele que a carrega certo número de pontos essenciais de seu Grau. É um tipo de memorial e essa noção de memorial tem um grande lugar na tradição judaico-cristã, a ponto de ser mencionada 25 vezes na Escritura.[48] Sua importância aqui é enfatizada pelo fato de que os textos originais do Rito definem com todas as letras que é a única joia que deve ser portada pelos "Irmãos que pertencem ao Regime Retificado [...] nas Lojas que eles frequentam ou visitam, [...] Todas as outras condecorações de Graus maçônicos estão proibidas para eles". Infelizmente, isso nem sempre é mais respeitado, e chega-se a ver emblemas do Arco, ou de outros *Graus paralelos*, constituírem uma panóplia ao seu redor.

Essa restrição não tem nada a ver com qualquer ostracismo ou com uma rejeição de outras vias maçônicas. Ela deseja simplesmente evitar que esse memorial seja transformado em uma simples condecoração, o que removeria qualquer significado de seu porte. Ela afirma que, entrando em uma Ordem, devemos-lhe obediência, no verdadeiro sentido do termo, e que devemos curvar-nos às regras firmes e banir o anseio de aparecer.

---

48. Sem querer tirar conclusões precipitadas, podemos, entretanto, perceber que o número 25 constitui uma coincidência bem estranha.

A descrição exata dessa joia figura com todas as letras nos manuscritos da coletânea de Willermoz, em Lyon. Lá, nada está entregue à fantasia. É uma joia em escalarte, praticamente em cobre dourado, imitando o ouro; tem "ao todo, em sua circunferência, duas polegadas de diâmetro. Nos dois lados, é composta por um duplo triângulo, um entrelaçado no outro, unidos e brilhantes, formando uma estrela de seis pontas, envolvida por um círculo guilhochado de três linhas de largura.[49] De cada um dos seis ângulos reentrantes sai uma chama que se lança de encontro ao círculo. O meio do duplo triângulo é preenchido e é vermelho claro. Sobre esse fundo, estão em metal dourado em miniatura e em relevo os quatros instrumentos maçônicos: o compasso em cima, o esquadro embaixo, o nível e o prumo nas laterais e a letra H no meio. Os seis ângulos internos do duplo triângulo são de metal fosco e guilhochado. No verso, no meio do duplo triângulo, sobre o fundo de metal dourado, está uma representação de Santo André, na cruz que o caracteriza. Essa joia é sobreposta por uma coroa real e acima dela está uma argola para suspensão".

Os pontos mais importantes colocados em destaque por essa joia são, evidentemente, o número seis, a letra H, o duplo triângulo inscrito no círculo, as seis chamas e a cruz de Santo André, que dá seu nome ao Grau. Porém, só falaremos dela no quarto painel e observaremos aqui somente que ela vem, no verso da medalha, substituir o H no cerne do duplo triângulo. Consequentemente, ela assumirá pelo menos uma parte de suas funções. Convém saber que a primeira versão dessa joia comportava apenas a frente, o verso apareceu mais tarde, após um bom decênio.

O NÚMERO SEIS

Esse número (ver capítulo sobre os números) é induzido pelo duplo triângulo, pelas seis chamas e pelas duas medidas da medalha. Ele vem assim completar aqueles que estudamos anteriormente. A presença desse número não é fortuita e não pode ser negligenciada. Não podemos estudá-lo aqui em detalhes, diversos de seus sentidos afastam-se bastante de nosso propósito, mas gastamos muita tinta com ele. Portanto, destacaremos apenas alguns dados essenciais e lembraremos aqui de sua referência ao substrato martinezista, apenas por esse breve lem-

---

49. Estas duas medidas, 2 polegadas e 3 linhas, por sua soma, remetem ao número 5, e pelo produto, ao número 6, além disso, citado 3 vezes. Esta seria a segunda coincidência numérica, porém não parece abusivo pensar que ela é voluntária aqui.

brete: seis atos divinos "operaram a elaboração do Universo"; os dois triângulos, o superior e o inferior, que constituem a estrela de seis pontas, são o símbolo (*Leçons de Lyon* 75,116).

Fílon de Alexandria, em seus comentários sobre a Escritura, escreveu que o número seis é "eminentemente propício para a geração". Essa consideração não é indiferente em um ritual centrado na ressurreição e na vida nova; ressurreição e vida nova que devemos compreender de acordo com a terminologia de Martinez de Pasqually, como "reconciliação" e "reintegração". Sobre esse assunto, talvez seja útil lembrar-se da leitura que os cabalistas medievais e, depois na sequência, os cabalistas da Renascença faziam da primeira palavra do Gênesis, *Bereshit*. Esse termo, de estrutura complexa, e sobre o qual centenas de páginas foram escritas, é geralmente traduzido como *"no começo"*, e algumas vezes como *"no princípio"*. Seccionando a palavra em duas no local em que a tonicidade diminui, os cabalistas liam: *bara shit*, ou seja, "Ele criou por seis". Essa leitura, gramaticalmente correta, é então de fato, quando consideramos essa primeira palavra apenas no plano terrestre, o número de dias da Criação. Ora, é no sexto dia que o homem foi criado. A partir daí, as exegeses foram abundantes.

Se ele simboliza a vinda do homem ao mundo, ele simboliza a duração da atividade, a duração da ação necessária para alcançar a meta. Ora, o tempo do repouso final, aquele do descanso bem particular que exprime o sete do sétimo dia que conclui a criação, não é representado nessa joia, pois ainda não chegou o momento. Na verdade, ele é representado de modo bem alusivo pela adição do espaço vermelho escarlate situado no cerne do duplo triângulo, sobre o qual está a letra H. Esse campo é o centro, aquele no qual o iniciado deverá um dia chegar a se situar. Em razão disso, pelo significado da cor, e o da letra H que examinaremos um pouco mais adiante, ele exprime o estado de reintegração, a reintegração presente de maneira implícita em toda parte no ritual do Mestre X. Esse estado é o do retorno à unidade do ser, à sua totalidade essencial. Trata-se, com certeza, de uma meta que nunca se alcança plenamente e estando-se sempre à procura, em busca, para se tentar chegar mais perto. É por isso que apenas o número seis está representado de maneira efetiva, pois ele evoca a permanência do trabalho necessário à realização da obra, um trabalho difícil e que pode demonstrar-se doloroso, até mesmo perigoso, pois ele impele a drásticas remissões em questão. De fato, se passamos, de acordo com o ritual de Aprendiz, pelos estados de Busca, de Perseverança e de Sofrimento, ele jamais afirma em parte alguma que nos livraremos deles um dia.

Eles se reproduzem ciclicamente ao longo de toda a vida maçônica. Talvez fosse bom lembrarmos disso de tempos em tempos para evitar muitas das arrogâncias. Isso é ilustrado pelo verso de Jó (5,19): "Seis vezes Ele te libertará, e na sétima te poupará do mal". Por outro lado, lembrando-se da influência que tiveram Martinez de Pasqually e Louis-Claude de Saint-Martin, e por intermédio deles, os Élus Cohens, no espírito da redação de nossos rituais, é necessário observarmos o que Pasqually escreveu sobre esse número em seu *Tratado da Reintegração dos Seres*. Ele o considera como sendo constituído pelo produto: 1 x 2 x 3, que se dá pela reunião da Intenção, da Vontade e da Palavra na Criação; e é exatamente isso que constitui a trama de fundo do ritual, imediatamente o consideramos como uma pressão para uma realização.

A letra H

Esta letra figura no centro do hexagrama estrelado. Esse centro, frequentemente chamado de coração, tem, dentre seus numerosos significados, aquele de local em que repousam a tradição e o conhecimento. Esse conhecimento é o do coração, que René Guénon definiu como a "percepção direta da luz inteligível".[50] Esse centro encontra-se aqui, situado entre o esquadro e o compasso, local em que se deve situar o Mestre para se direcionar em sua busca. E essa busca passa pela procura da Palavra Perdida. Isso deve colocar-nos na rota do significado profundo e real dessa letra H, mesmo se, como de costume, seu sentido completo não é fornecido explicitamente durante a cerimônia. Esse costume é normal e bastante útil, pois nada de valor pode ser obtido sem um esforço pessoal, sem dedicação. Entretanto, o ritual, e um dos discursos ao recipiendário, assemelha-o à inicial de Hiram. Somente, em outro discurso, diz-se explicitamente que Hiram é uma lenda perspicaz fácil de usar, mas que encobre outras coisas. Isso só pode reforçar o que dissemos.

Veremos, estudando o terceiro painel, que essa primeira explicação da letra H pode comportar múltiplos significados. Ela já é, por si mesma, bastante rica; mas considerá-la apenas como a inicial de Hiram resulta de uma leitura externa, ou, na melhor das hipóteses, de uma leitura em um primeiro nível. O que dissemos no parágrafo anterior deve incitar-nos a buscar outra correspondência que pertença justamente ao domínio do sagrado. Essa correspondência se estabelece logicamente com o *Hê* hebraico. Essa correlação não tem nada de abusiva, dado o amplo

---

50. René Guénon, *Symboles fondamentaux... op. cit.,* p. 241.

uso de termos e nomes hebraicos nos rituais maçônicos, assim como as múltiplas referências à Cabala que são feitas lá.

Quinta letra do alfabeto, de valor numérico 5, ela vem depois do *Daleth*, que é o símbolo da porta, e, de fato, ela é considerada como um cruzamento, o que corresponde perfeitamente ao Grau. Além do mais, essa letra nos faz adentrar o Tetragrama, onde ela está duplamente presente, como a segunda e depois como a quarta letra. É assim que a apresentará o *Zohar*, dizendo dela: "tu és uma letra de meu Nome. Tu pertences ao segredo de meu Nome, gravada e inscrita em meu Nome". Essa dupla presença a coloca em relação com o atributo da Misericórdia e do Rigor, em suas ligações com o homem.[51]

Como prefixo de uma palavra, o *Hê* é o artigo definido "o" ou "a". De fato, essa função o instrumentaliza como a passagem do indefinido, do que é genérico e impessoal, para o que passa a ser definido, particularizado e determinado, portanto, conhecido com precisão, ou pelo menos com uma precisão relativa. É por isso que se diz que o *Hê* é "amorfo" e que é um símbolo do que existe e do que se leva à existência.

Como sufixo, ele é a marca do feminino. Isso nos conduz a uma constatação concernente ao homem e à mulher, muitas vezes feita nos textos muito antigos. Homem diz-se em hebraico 'Ish (איש), de valor numérico 311, e mulher diz-se *Isha* (אשה), de valor 306. Uma primeira constatação é que a união do homem e da mulher nos conduz ao valor numérico de *Ha-Berith*: "a aliança"; um termo plenamente utilizado na Escritura tanto em relação à aliança humana quanto à aliança divina. Mas essa associação leva totalmente em conta o que se diz do homem e da mulher, em Gênesis e no Evangelho. A observação mais instrutiva tange às modificações ortográficas que fazem passar de uma a outra palavra. De fato, mulher não é a palavra homem, à qual se teria adicionado um *Hê* final para marcar o feminino, como se faz habitualmente. É por isso que frequentemente dizem que a palavra homem possui também a letra *Yod* (י) e a palavra mulher, a letra *Hê* (ה); ora, essas duas letras reunidas formam o Nome divino *Yah*, aquele que podemos ler sob a forma *JA* na lâmina de ouro do terceiro Grau. Esse Nome, primeira parte do Tetragrama, integra nele o masculino e o feminino. Isso é interpretado como enfatizando que Deus está presente na união do homem e da mulher, o que já induzia o termo aliança.

Quando o *Hê* é introduzido no cerne de um nome para transformá-lo, ele corresponde à "capacidade matricial".[52] O exemplo conhe-

---
51. Cf. nosso livro: *Voie des Lettres, voie de Sagesse*, Dervy.
52. Ver nota anterior.

cido por todos, no livro do Gênesis, da transformação do nome de Abrão [*Abram*] em Abraão [Abraham], está aí para demonstrar isso.

Originalmente, o nome do patriarca era Abrão, que significa "pai elevado", e o de sua esposa Sara [*Saraï*], "minha princesa". Ora, em Gênesis 17,5, diz-se a Abrão: "E não te chamarás mais de Abrão, mas Abraão será o teu nome; porque eu te faço pai de uma multidão de nações". Devemo-nos lembrar de que nos tempos bíblicos, como em toda sociedade tradicional, o nome não designa somente a pessoa, ele determina a natureza e o ser; impor um novo nome não é outra coisa a não ser impor uma nova destinação potencial. Encontramos um traço no novo nome que possuirá o C.B.C.S., seu nome de Ordem supõe figurar sua própria natureza. A passagem de um a outro nome, de "Pai elevado" a "Pai de uma multidão", realiza-se pela inclusão do *Hê* no cerne do nome. Rachi, em seu comentário sobre esse versículo, nos diz: "Pai de uma multidão de nações [*Ab-hamon goim*]. Termo composto em notaricon. Essas são as mesmas sílabas que formam o nome de Abraão. No primeiro nome, Abrão, havia um *Resh* (ר): *Ab Ram*, palavras que significam que ele era apenas pai de Aram, sua terra natal. Apesar de que ele se torna o pai da humanidade inteira. Esse *Resh* não desapareceu".

O *Resh* não desapareceu porque, como letra, significa: princípio, cabeça; e se Rachi enfatiza a letra sem insistência, seus comentários sempre sendo de um extremo laconismo, é porque esse sentido era evidente lá em sua época para os destinatários de seu texto. O "princípio" residia em Abrão, como poderia não estar mais em Abraão?

Se Abrão transformava-se em Abraão, Sara, sua esposa, deveria sofrer também uma mutação de mesma ordem, pois ela o acompanhava em todas as coisas. Ela também recebeu um *Hê*, porém ela perdeu assim seu *Yod* final, a marca do possessivo... *Saraï* torna-se *Sarah* (Gênesis 17,15). Rachi nos diz, retomando as palavras do versículo: "Tu não a chamarás mais de Saraï, que significa: minha princesa, princesa para mim, mas não para os outros; mas Sara apenas, que significa: princesa para todos".

O novo nome marca uma extensão de mesma natureza daquela que adveio para seu esposo. O *Zohar* (I,96a), referindo-se aos dois *Hê* do Tetragrama, insiste dizendo: "Abraão se elevou ao *Hê* do alto, Sara desceu ao *Hê* de baixo [...] Depois que o *Hê* foi dado a Sarah, seu *Hê* e o de Abraão se uniram e geraram no Alto, o que resultou foi o *Yod*". [5 (*Hê*) + 5(*Hê*) = 10 (*Yod*)]. Os dois *Hê* do Tetragrama encontram-se assim unidos, o *Yod* gerado e o *Vav* realizado.

Podemos questionar-nos sobre o que significa o desaparecimento do *Yod* do nome original Saraï, e os antigos não deixaram de fazê-lo. Expor isso em detalhe nos levaria muito longe do tema principal deste capítulo, assim nos limitaremos a um único comentário, o de Rachi, sobre o versículo em questão: "O *Yod* removido do nome Sarai que se tornou Sara protestou, e foi necessário restabelecê-lo, adicionando-o ao nome *Hoshéa*. E também diz-se: Moisés deu a *Hoshéa* [Oseias], filho de Nun, o nome de *Yehoshua* [Josué] (Números 13,16)". Assim, Yehoshua não é outra coisa senão a forma longa de *Yeshua*, o nome do Cristo. Nun, ao mesmo tempo nome próprio, substantivo, verbo e nome da 14ª letra, provém do verbo *Nun,* cuja derivação *Yinon* é um nome do Messias davídico na tradição hebraica e também aparece claramente no Salmo 72,8.[53]

Hê é o emblema do homem como ser, e do sopro divino, o *Ruach Elohim*, tal como é indicado a respeito da criação do homem: "O eterno soprou no homem um sopro de vida, e o homem tornou-se uma alma vivente" (Gênesis 2,7).[54] E o *Siphra Di-Tzéniutha* define: "... e o *Hê* é o sopro do Espírito em tudo". *Hê,* a porta do *Yod,* possui duas aberturas: uma orientada para baixo, para nosso mundo (Rachi dirá em seu comentário sobre Gênesis 2,4: "os homens inevitavelmente descem para a morte"); a outra, à esquerda, ao futuro (Rachi diz "a porta permanece aberta"). Assim, o homem é um homem apenas pela presença do sopro divino, concedido a ele na obra de criação, sopro que permanece nele, pois o mundo só existe e só se mantém pelo sopro ligado ao Verbo. É por essa tênue abertura do *Hê*, do distribuidor com um aspecto de pulmão, que se diz que ele penetra. É seu dever mantê-la aberta.

Isso deve lembrar-nos do que se diz sobre a criação do mundo com o *Hê.* Pois, se nos referirmos ao segundo versículo do Gênesis, está escrito: "o sopro de Deus pairava sobre as águas" (sopro adequou-se como Espírito nas Bíblias de Jerusalém e de Segond, e como sopro na do rabinato e no comentário de Rachi. De fato, as palavras hebraicas utilizadas, *Ruach Elohim,* têm um ou outro sentido, e são utilizadas para designar o Espírito Santo). Ora, "A vida do homem é o sopro de Deus;

---

53. Encontraremos elementos sobre estes termos no capítulo. "A abordagem do divino", do nosso livro *À la recherche de l'unité*, Dervy. As citações são extraídas do Pentateuque avec Rachi, éd. Odette Lévy.
54. As traduções francesas usuais utilizam a expressão "ser vivo", enquanto o termo hebraico utilizado é *Nephesh,* termo que corresponde ao princípio vital e ao primeiro nível da alma.

tornar-se santo, tornar-se espiritual, animado pelo Espírito, é incessantemente retomar alento, retomar o sopro no sopro do Vivente".[55]

Enfim, uma última observação: no Livro do Gênesis sempre está escrito "o Adão" (*Ha-Adam*). No instante da criação não é falado do homem em geral, mas de um homem particularizado e determinado pela presença do artigo. Logo, esses versículos podem ser lidos como se tratando de cada homem em particular, tanto ontem como hoje, tanto hoje como amanhã, na gênese permanente do mundo. Cada um recebe esse sopro de vida que sai da abertura do *Hê*, essa abertura voltada para o *Aleph* de Adão, de cada Adão específico. E o Bahir enfatiza: "A alma superior [*Neshamah*], é a letra *Hê*";[56] é *a abertura* dessa alma superior que é a finalidade da vida. E é, nesse sentido, a razão fundamental da presença do H, imagem do *Hê*, na joia.

Os outros elementos

Com essa joia, passamos do pentagrama, a estrela flamejante do Grau de Companheiro, a um hexagrama estrelado que porta uma chama em cada um de seus ângulos reentrantes, ou seja, seis chamas. O pentagrama portava a letra G, à qual foram atribuídos múltiplos significados por diversos autores. Essa letra corresponde ao *Guimel* hebraico (ג), terceira letra do alfabeto, cujos principais conteúdos simbólicos são o camelo, a viagem e a virtude da Temperança. Esses dois últimos sentidos parecem estar absolutamente em harmonia com o Grau de Companheiro. A letra H que a substitui na estrela sucede-lhe naturalmente como sendo o emblema do homem realizado, ou pelo menos na perspectiva teórica da realização. Observemos, a propósito, que, de acordo com o percurso das letras, para ir do *Guimel* ao *Hê* é necessário passar, ou seja, perceber, a quarta letra: o *Daleth*. Ora, essa letra detém como sentido principal o de porta e daí implica a noção de cruzamento.[57] E não está escrito: "Abre-me as portas da Justiça, eu entrarei, eu louvarei o Eterno, é por ela que entram os justos" (Salmo 118,18-19), essa justiça que é a virtude imposta no primeiro Grau ao maçom retificado. Está também escrito: "Passai, passai pelas portas! Preparai um caminho..." (Isaías 62,10). Há aí a pista para uma enriquecedora reflexão sobre a continuidade dos Graus no R.E.R.

---

55. J. Y. Leloup, *L'Enracinement et l'Ouverture*, p. 152, Albin Michel, 1995.
56. *Le Livre Bahir*, § LIII, trad. de Nicolas Sèd, Archè, 1987.
57. Ver nota 51.

O hexagrama estrelado, constituído por dois triângulos estreitamente entrelaçados, e não sobrepostos, não é outro senão o Selo de Salomão ou Escudo de Davi (*Maguem David*). Esse símbolo foi estudado e reestudado na maior parte das obras que tratam das ciências tradicionais. Ele foi também utilizado de uma maneira bastante estranha em diversas práticas mágicas, que, sendo derivações, não têm muita coisa de tradicional. O único ponto que verdadeiramente importa para nós aqui é seu sentido de emblema da dupla natureza do homem, sua natureza terrestre e sua natureza celeste indissoluvelmente ligadas, como afirma o enlaçamento dos dois triângulos. E essa estrutura mostra que a síntese dessas duas naturezas, a conjunção dos contrários que elas indicam, a resolução das oposições, só pode se efetivar no centro desse selo. Se algo deve acontecer, só pode ser nesse local pela mediação da letra H, em um primeiro momento, com o sentido que lhe confere sua função da inicial de Hiram e, em um segundo momento, pelo poder do que representa a letra *Hê*. O Ritual, na Instrução de perguntas e respostas, não se omite de afirmá-lo:

> *Pergunta: O que representa o duplo triângulo luminoso?*
> *Resposta: Ele exprime a dupla natureza daquilo que é a verdadeira luz do mundo e do homem que é sua imagem, e o círculo que o envolve é o emblema de sua eternidade.*

Uma chama jorra de cada um dos seis ângulos reentrantes do Selo de Salomão. Essas chamas, assim dispostas, são uma exteriorização do *Hê* central, simbolizando seu poder irradiante. De qualquer modo, essa estrela jamais é dita flamejante; se ela o fosse, as chamas partiriam de suas pontas. O fogo, cuja vida é a chama, mais precisamente o sopro, é um símbolo do Espírito Santo e todos os dois são simbolizados por essa letra H-*Hê*. Além disso, as chamas indicam a purificação, a iluminação e o amor espiritual. Emanando do centro, elas são o que ativa o germe espiritual latente, para lhe dar *força e vigor*, segundo a clássica expressão comum a todos os rituais.

Essas chamas, aqui, devem relembrar-nos as línguas de fogo do Pentecostes, um fogo único cujas línguas são múltiplas e depositam-se em cada um individualmente, indicando que a unidade não abole a diversidade. Se reconsiderarmos, quanto a isso, o dom das línguas, aquele que é dado nessa joia só pode ser *a língua do coração*. Essa língua é a do verdadeiro conhecimento, que vai além dos caminhos discursivos. Como dissemos antes, esse conhecimento é "a percepção direta da luz inteligível."⁵⁸ Assimilando-a, penetramos efetivamente na Arte Real, que simboliza a coroa que se sobrepõe à joia.

Nesse sentido, tais são os principais dados da joia do Grau, sobre a qual muito ainda poderia ser dito. Não é, de forma alguma, semelhante como uma ornamentação ou como uma dessas vãs bugigangas tão prezadas por alguns. É necessário ficarmos conscientes de que ela indica a vontade do retorno ao centro e de que ela é uma verdadeira síntese dos elementos constitutivos da via a se seguir, não como o faria um mnemônico, mas, ao contrário, como um memorial, conforme escrevemos bem no início deste capítulo.

REFLEXÃO COMPLEMENTAR SOBRE A ESTRELA DE SEIS PONTAS

Para compreendermos melhor o que vai ser dito neste parágrafo, antes de tudo é necessário citarmos uma breve passagem da pequena obra *Corps-Âme-Esprit dans le judaïsme*, do rabino Jacques Ouaknin.⁵⁹ Ela sintetiza em algumas linhas uma tradição interpretativa muito antiga, retomada séculos mais tarde, na Renascença, pelos cabalistas cristãos em suas transposições.

> *Formado por dois triângulos equiláteros entrelaçados, ele* [o Maguen David] *fornece a imagem de um hexágono circundado por seis pequenos triângulos equiláteros, dos quais cada lado mede um terço do lado do grande triângulo.*
> *Esse símbolo, no qual o número 6 aparece várias vezes: seis pontas, seis lados, seis pequenos triângulos equiláteros, seis lados do hexágono interior, seria uma representação do Universo, sendo o ponto central invisível; o símbolo do Deus criador. De fato, o número 6 representa o volume do Universo: quatro pontos cardeais, o alto e o baixo, a totalidade do volume do Universo. Essa interpretação empírica e quase sentimental é corroborada pelas ciências matemáticas sob o nome de Selo de Salomão.*
> *A Estrela de Davi apresenta, no total, 12 interseções. Se dispusermos judiciosamente os números de 1 a 12 em cada interseção, obtemos para cada lado dos dois triângulos o número 26.*
> *Além disso, a soma dos números, que se encontra no vértice de cada triângulo, dá 22.*

---

58. *Ver nota 50.*
59. *Corps-Âme-Esprit dans le judaïsme*, rabino Jacques Ouaknin, éd. Le Mercure Dauphinois, p. 119-120.

Se lembrarmos de que 26 é a gematria [valor numérico] do Tetragrama IHVH [יהוה] e que 22 é o número total das letras do alfabeto hebraico, podemos afirmar, matematicamente, que Deus IHVH criou o mundo por sua palavra, com as 22 letras do alfabeto.

Essa última frase da citação é uma retomada quase literal do *Zohar* I, *Bereshit*, que expõe em suas preliminares a criação do mundo pelas 22 letras, retomando por sua vez a mais antiga obra conhecida da Cabala, o *Sepher Yetsirah (O Livro da Criação)*.

Dentre todas as combinações possíveis do posicionamento desses números sobre esse hexágono, existem seis que conduzem às mesmas conclusões interpretativas. Eis uma que é mais "falante" que as outras pelo que nos interessa em nosso ritual de Mestre X. Portanto, para tentar compreender quais são as correspondências suscetíveis de se estabelecer, colocamos no desenho desse hexágono, ou Selo de Salomão, os diversos números simbólicos em questão da seguinte maneira:

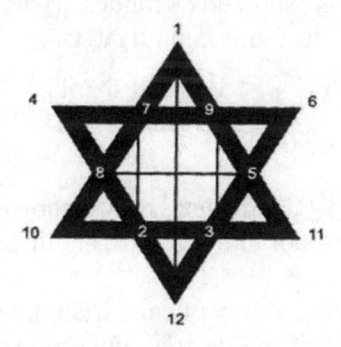

A partir de tal esquema, vemos uma das possíveis leituras dessa estrela no R.E.R., mas é bem evidente que essa não seria a única possível:

O ritual nos diz: "Esta nova estrela, *com tudo o que ela abrange*, é doravante a chama que nos guiará". Convém, portanto, questionarmo-nos: em quê e por quê?

Na tradição judaico-cristã, essa estrela exprime a unidade da transcendência e imanência divina unidas em cima e embaixo. Nós já dissemos isso e não insistiremos nesse ponto. Essa mesma tradição considera também essa estrela como o esquema divino de uma "Cidade Nova". Essa cidade não é outra senão a Jerusalém Celeste, que figura no último painel do Grau de MX. O selo de Salomão conta com 12 "entradas" ou 12 "portas", da mesma forma que a Nova Jerusalém, do

Apocalipse, onde as 12 portas são guardadas por 12 anjos e possuem inscritos os nomes das 12 tribos de Israel: Rúben, Simeão, Levi, Judá, Issacar, Zabulom, Dã, Neftali, Gad, Aser, José e Benjamin. Ela atribui a cada um dos vértices (salientes e reentrantes) os números de 1 a 12, evocando os 12 Patriarcas.

Se você adicionar os números que abrangem cada um dos lados da Estrela, você obterá:

Vértice dos dois grandes triângulos equiláteros:
1 + 10 + 11 = 22
4 + 6 + 12 = 22
... ou seja, as 22 letras ou totalidade do mundo.

Para cada um dos lados dos grandes triângulos ou "muralhas", obtemos 26, o número do Tetragrama IHVH:

4 + 7 + 9 + 6 = 26   10 + 2 + 3 + 11 = 26
4 + 8 + 2 + 12 = 26   12 + 3 + 5 + 6 = 26
10 + 8 + 7 + 1 = 26   1 + 9 + 5 + 11 = 26

Cada braço da Cruz figurada nesse desenho vale 13, ou seja, *Ahava* (יהוה) e *Ehad* (אחד) de valor numérico 13, significando "Amor" e "Unidade"; temos aí ainda 13 + 13 = 26.

Para cada um dos quatro pequenos triângulos, temos: 1-7-9; 2-3-12; 7-8-2; 9-5-3. Cada grupo de três números tem por soma o valor de 17, que é o valor numérico reduzido (soma teosófica) do Nome do Cristo, *Yéshuha*.

Para o retângulo central (Palácio interior), temos: 7 + 9 + 3 + 2 = 21, ou seja, o valor de *Eheyêh*, o nome Divino comunicado em Êxodo 3,14 (*Eheyêh* me enviou até vós...). E esse mesmo Nome, o Cristo o atribuiu a si, em João 8,28 e 58.

Para os quatro triângulos restantes, encontramos o número 19 de *hava* ("viver") para dois dentre eles e 20 de *haya* ("ser, existir") para os outros dois; enfim, a soma dos números desses quatro triângulos deve ser 78, que corresponde a *Chanak* ("iniciar, instruir").

Assim, o MX encontra uma vocalização (apócrifa) do Nome durante sua recepção. O emblema do Grau, essa estrela, como diz o ritual em uma frase perfeitamente clara, deve guiar-nos "com tudo o que ela abrange"... Mas para isso devemos realizar o esforço de penetrar no significado.

O Rito é cristão no sentido amplo do termo e, nesse esquema da Estrela, aparecem quatro triângulos portando o número 17, que associamos ao nome hebreu do Cristo. Além dessa leitura de acordo com nosso Rito, existem outras que provam mais uma vez a universalidade de um verdadeiro símbolo.

Notamos também que esses triângulos estão dispostos de acordo com as quatro direções do espaço e, dessa forma, representam uma totalidade espacial e fornecem uma imagem desse fato "esse mundo daqui".

Em segundo lugar, 17 é o número de *Tov* (טוב) ("bom, bem"), o que deve fazer-lhe lembrar-se do mundo criado (Gênesis I), e de que se diz *Tov* em cada um de seus elementos sucessivos... exceto uma vez, mas isso é outra história.

Depois (e provavelmente, sobretudo, no pensamento daqueles que criaram essa representação figurada de parte de suas analogias com a teosofia de Martinez de Pasqually), o 17 remete a:

1º) *Be-Yah*: Em *Yah*, em que *Yah* é a primeira metade do Tetragrama, um nome divino já mencionado, que nos é bem conhecido por meio do *Aleluia* litúrgico. Esse nome é considerado ao mesmo tempo como o grande nome de Deus e como o Nome substituto, depois que o Nome por excelência, o Tetragrama, na época denominado Nome explícito, tornou-se impronunciável ou, mais precisamente, não pronunciável. Escrevemos algumas páginas sobre esse Nome. Saiba que: "É o Nome de sua transcendência misericordiosa que, conjuntamente com alguns Nomes de sua Imanência, tais como *Eléhénou* (Nosso Deus) e *Adonaï* (Meu Senhor), continua a manifestar sua graça dentro da desgraça: essa manifestação é branda, indireta e expressa por si mesmo ser uma graça diante da real receptividade das gerações do "fim", que se tornaram incapazes de assimilar e, consequentemente, de suportar uma descida direta do Divino".[60]

2º) *Ha Vav-Hê* = eis (ou, *veja*) *Vav-Hê*.

Essas duas letras são a segunda metade do Tetragrama.

Ora, a segunda metade do Tetragrama é a do envolvimento de Deus dentro da criação e seu aspecto imanente, portanto rigoroso, e daí perigoso para quem não é digno, enquanto as duas primeiras, que constituem *Yah*, são atribuídas à dimensão de misericórdia.

Assim, esse 17 remete mais uma vez ao Nome do Tetragrama, porém formulando-o sob seu duplo aspecto.

Há, muito certamente, o que meditar longamente a partir daí...

---

60. Léo Schaya, *Naissance à l'Esprit*, p. 143, Dervy, 1987.

Meliora Praesumo (o Painel do Oriente)

O Painel do Oriente

No Oriente da Loja figura um painel apresentando a divisa ou máxima do Grau, conforme é costumeiro no R.E.R. desde os Graus azuis. Essa divisa se tornará um tema central ao longo de todo o exame que faremos dos quatro painéis sucessivamente apresentados ao recipiendário. Além da máxima sobre a qual o novo Mestre X deverá meditar, o painel porta a virtude específica que lhe será necessária para colocá-la em prática. A importância desse Painel é destacada pelo fato de que ele está sempre presente; portanto, sempre diante dos olhos dos Mestres X, tanto na Loja de cerimônia quanto na de trabalho.

Os textos originais do Rito, assim como qualquer outro que qualquer pessoa pode consultar na coletânea Willermoz, da Biblioteca Municipal de Lyon, descrevem o painel da seguinte maneira:

> *No fundo oriental, acima da cabeça do Deputado Mestre, [...] será colocado um painel [...] Esse painel representa um leão, sob um céu carregado de nuvens e relâmpagos, repousando sob o abrigo de um rochedo e brincando tranquilamente com os instrumentos de matemática; e abaixo, estas duas palavras como divisa: Meliora presumo.*[61]

E a Instrução de pergunta e resposta se contenta em dizer-nos:

> *Pergunta: O que significam este símbolo e esta divisa?*
> *Resposta: Convidaram-me a meditar sobre eles, sem explicá-los ainda para mim, nem um nem outro.*

Portanto, aqui é da mesma forma como é desde o primeiro Grau, nada pode ser fornecido sem um trabalho pessoal, sem um esforço e um envolvimento do ser; essa que é a única maneira de se encaminhar para

---

61. Deveria estar escrito *praesumo*.

um significado vivo e produtivo. Meditar sobre ela... *Ora et labora* se diz em outro lugar. J.-B. Willermoz confirmava amplamente essa ideia ao escrever em julho de 1779 para J. de Maistre:

> *Não espere nada m[eu] m[uito] c[aro] i[rmão] dos homens por vossa convicção; é impossível a eles fornecer algo a vós; aquele que promete é um trapaceiro; o fogo que deve esclarecer-vos, esquentar-vos, está em vós; um desejo puro, vivo e constante é o único fole que pode abrasá-lo e expandi-lo, e quando ele chega a certo ponto, o homem sente qual é o único ser que a ele pode e deve dirigir-se com confiança para obter sua plena convicção, e essa confiança perseverante lhe proporciona toda a certeza da qual ele tem necessidade; porém, se ele coloca aí um grão de curiosidade, ele cai em trevas mais espessas do que antes; o primeiro cuidado é então o de examinar sem ilusão a natureza de seu desejo e apurá-lo bem; o que o homem preparado, dessa forma, adquire por seu próprio trabalho, permanece como sua propriedade; o que lhe damos após a exposição geral dos princípios apaga-se nele como um caráter traçado sobre a areia na beira do mar, o qual a primeira onda destrói sem deixar o menor vestígio.*

É possível ser mais claro?

Apesar disso, para abrir as portas de uma reflexão pessoal, diversos pontos desse painel merecem ser, mesmo se fosse apenas brevemente, examinados: a divisa; o céu carregado e os relâmpagos; o leão tranquilo sob o rochedo, os instrumentos ditos de matemática, os quais não são outros senão o esquadro, o compasso e a régua. O que dissermos nos conduzirá a colocarmos mais questões que não resolveremos, e está tudo de fato conforme com o método e a propedêutica do R.E.R.[62] Já percebemos que, por um lado, é a primeira vez que a régua figura nesse Rito, enquanto ela existe em todos os outros; por outro lado, que essa expressão "utensílios matemáticos", que vem a substituir a denominação habitual "utensílios maçônicos", afasta-nos do "ofício" e remete-nos à teoria dos números tal como ela é utilizada no R.E.R. e que evocamos em um capítulo anterior.

É bem necessário admitir que para um Grau, em que nos dizem "Aqui se interrompe a via dos símbolos", esse painel é uma coisa bem estranha! Portanto, será necessário considerá-lo não como um símbolo no sentido habitual do termo, mas um emblema ou uma alegoria, ou seja,

---

62. Propedêutica, pois trata-se de um ensinamento preparatório em vista de estudos mais aprofundados, o que aqui é perfeitamente enfatizado pela divisa do Grau.

conforme escreve Henry Corbin, como uma "[...] operação racional que não envolve a passagem nem a um novo plano do ser nem a uma nova profundidade de consciência; é a representação, em um mesmo nível de consciência, do que já pode ser bem conhecido de outra maneira".[63] Esse painel alegórico e sua divisa deverão, então, ser lidos assim como seria a leitura de um brasão e sua divisa para seu portador. Eles indicam sua própria natureza e sua aspiração para o ser; em outras palavras, o que ele é e o que ele será. Compreendido dessa forma, esse painel e essa divisa devem figurar-nos um estado adquirido e um futuro almejado; divisa e imagem completam-se e amplificam-se mutuamente em um único caminho emblemático que depende de cada um fazer o seu.

A DIVISA: MELIORA PRAESUMO

Essa divisa já figurava anteriormente no R.E.R., em um ritual da Estrita Observância Templária (*S.O.T.*), o qual utilizava um painel análogo; mas lá ela tinha outro significado completamente diferente, remetendo ao renascimento da Ordem do Templo. Como sempre, os fundadores do Rito retomaram elementos preexistentes, porém rearranjando-os completamente, dando-lhes outra dimensão totalmente diferente.[64]

Nos rituais atualmente em uso e assinados por Willermoz, essa divisa é fornecida em nota como: "Eu vislumbro coisas maiores", uma tradução declarada incorreta, vista como abusiva, pelos latinistas. Se nos reportamos ao ritual de 1778, conservado em Viena e publicado por René Guilly, a máxima é traduzida no discurso para: "Eu espero por tempos mais felizes". Ainda aqui, a tradução parece ser bastante interpretativa e estar mais no espírito da restauração da Ordem do Templo do que outra coisa. Aliás, todos sabem, esse foi o tema principal dos dois Conventos fundadores de 1778 e 1782, que rejeitaram de modo absoluto essa restauração. É correto supormos que J.-B. Willermoz, redator do ritual definitivo datado de 1809, de fato derivou o sentido, conforme ele mostra em diversas instruções, com o duplo objetivo de eliminar o que podia fazer referência implícita à Ordem do Templo e dar a essa

---
63. *L'Imagination créatice dans le soufisme d'Ibn'Arabi*, Paris, 1958.
64. Ver a obra de René Le Forestier citada na bibliografia, especialmente p. 437, 685-687 e 749, da edição Aubier, 1969. Nós reproduzimos parcialmente a importante nota 8, da p. 437: "O painel simbólico, de um significado bastante obscuro, já tinha sido adotado por diversos Graus escoceses. Supusemos que havia primitivamente relações com a lenda jacobita [...] No presente caso [a E.O.T.], o leão representava a Ordem do Templo vivendo oculta sob o véu da Maçonaria; quanto à divisa, era aquela do quarto Grau da Estrita Observância».

divisa um sentido mais próximo dos objetivos do R.E.R. De acordo com os latinistas: *melior* é o comparativo de *bonus*, "bom". Assim, *meliora* (plural neutro) significa "coisas melhores". *Praesumo* significa: "presumir, avançar"; porém, com uma nuança "ouso dizer que...". Há, portanto, aí uma certa agressividade no tom, do estilo de: "em verdade, eu vos digo...". Conviria portanto compreender: "coisas melhores virão, eu vos asseguro". Essa divisa orienta imediatamente à noção de Esperança, virtude teologal que descobrimos com o último painel do Grau.

Essa ideia, que indica uma noção de revelação como o subentende o emblema do leão com relação à Escritura, já figurava na Instrução moral de Aprendiz de 1782, porém lá prestamos então pouca atenção, pensando limitado nesse Grau. De fato, lemos lá: "Continuai então a questionar, a buscar e a vibrar com tais sentimentos, é o único meio de chegar ao termo feliz de vossas esperanças". Esse "continuai" não sofre qualquer limitação no tempo... E também, encontramos na Regra Maçônica, artigo VIII, § 2: "Não consideres de onde tu vieste, isto enfraquecerá teu curso: fixa-te onde tu deves chegar". Com o distanciamento, isso se torna evidente, mas quando mal chegamos a ser recebidos em Loja... A propósito, isso prova mais uma vez que tudo, ou quase tudo, é fornecido desde o primeiro Grau. Infelizmente não vemos isso, pois neste ponto ainda não estamos prontos para compreendê-lo!

A divisa está lá para insistir no fato de que o que vai ser vivenciado durante a cerimônia é apenas uma etapa, que existe uma potencial transição do estado atual e que é necessário desde esse instante vislumbrar o futuro. Essa transição é apenas em potencial, é por isso que a fórmula utilizada, como é afirmativa, não obstante, deixa pairar uma dúvida, pois jamais é certo que a promessa de um futuro que deva conduzir mais longe na vida se concretize. Essa evolução futura não deveria, pelo menos teoricamente, depender do desejo e da capacidade do sujeito. Por desejo, compreendemos bem o sentido verdadeiro associado a esse termo, sentido bem diferente daquele de simples impulso ou de necessidade que se tornou hoje, a linguagem evoluiu. É para tomarmos esse termo, desejo, no sentido que ele tinha no século XVIII.[65] O sentido original da palavra é o pesar da ausência de alguma coisa pela tomada de consciência de uma profunda tendência para algo. Uma advertência dada desde o Grau de Aprendiz vai exatamente nesse sentido: "Aquele que, tendo percebido a verdade, se recusa aos trabalhos necessários para alcançá-la, é mais infeliz do que aqueles que não a vislumbraram

---

65. *Cf.* nosso artigo *Le terme désir au RER, son usage et sa signification*, Acta Macionica, vol. 16, 2006, publicação da Loja de Pesquisa da Grande Loja Regular da Bélgica.

de forma alguma". Será também enunciado no Grau de Companheiro sob outra forma: "Aquele que, uma vez tendo ingressado no caminho da virtude e da verdade, não tem a coragem para perseverar, é cem vezes mais passível de reclamar do que era antes".

A característica do "homem de desejo", expressão muito frequentemente utilizada no R.E.R. e por L.-C. de Saint-Martin, é a "busca pela estrela". Trata-se assim mais de uma capacidade que deve revelar-se e concretizar-se como uma busca de satisfação. Essa capacidade abrange uma mistura de abertura e de vontade pela realização, fazendo apelo à virtude da Esperança.

Trata-se, em um ritual iniciático, de uma abertura para o sagrado. Isso remete, de acordo com a expressão do teólogo R. Hostie, à possibilidade de "acessar uma plenitude, que se submete conscientemente às realidades inconscientes". A infelicidade permite que, na maior parte do tempo, essa máxima seja compreendida apenas como "esse é o primeiro passo, você obterá outros Graus", como se tudo o que pudesse perseguir fosse um dever, uma sequência quase mecânica. Certamente, não era assim no espírito dos fundadores do Rito, nem naquele de seus continuadores imediatos que transmitiram bem as restrições quanto à progressão no Regime. Para nos convencer, basta lermos a correspondência trocada entre J. de Maistre e J.-B. Willermoz e sua carta a um candidato ao Regime Retificado, basta também lembrarmos do que se diz com determinação ao novo iniciado desde o primeiro Grau, quando ele recebe a grande luz: *Sic transit gloria mundi*.

O LEÃO

A figura do leão é o ponto central do painel e impõe-se imediatamente à vista. Ora, se esse animal goza de uma grande riqueza simbólica, não nos esqueçamos de que nos encontramos à margem de uma ordem cavalheiresca, a Ordem Interior, e que a heráldica, ciência tradicional como fora, conservava ainda uma grande parte de seu vigor no século XVIII. Nessa ciência, o leão é considerado como o animal mais nobre. Ele representa as qualidades da alma e as mais elevadas perfeições morais. Nisso, ele lembra o exercício das virtudes que foram impostas, Grau após Grau, ao Maçom Retificado. Além disso, no âmbito dessa ciência: "Quem não tem armamento, que adote um leão, diz o antigo adágio. Sem dúvida, o leão é de fato o elemento mais comum no brasão e isso muito provavelmente porque ele tipifica as virtudes centrais que são a coragem, a autoridade e a grandeza".[66]

De uma forma mais geral, o leão é um símbolo de poder e de soberania, o que nos faz compreender aqui quanto ao poder e à soberania sobre nós mesmos, sobre nosso ser de carne e de impulsos que tendem à satisfação de desejos materiais ou psicológicos, suportes do aparente. Como símbolo do poder e da realeza, ele figurava no trono de Salomão, no trono dos reis da França e no dos bispos. Ele tornou-se assim um emblema da Justiça que se exerce em seu sentido bíblico de conformidade com a palavra divina. Convém esclarecer que não encontramos mais o menor traço disso em nosso mundo atual, exceto na Grã-Bretanha, no Reino Unido, que conservou em suas armas o Leopardo, que não é outro senão um leão passante e cujo nome provém do latim *leo pardes*, que significava etimologicamente *Leão do Paraíso*.[67]

É também um símbolo da força penetrante da luz do Verbo e representa o Cristo-Juiz, aquele sobre quem um dos anciões do Apocalipse (5,5) diz ao visionário de Patmos: "Não chores, eis aqui o Leão da tribo de Judá, a Raiz de Davi, que venceu, para abrir o livro e desatar seus sete selos",[68] realizando a palavra, "Não há nada de oculto que não deve ser conhecido" (Mateus 10, 26). E é essa vitória sobre o mundo e sobre as trevas que é necessário, sobretudo, vermos no painel, nessa gravura de um leão calmo e apaziguado, sabendo que a representação sentada, como em nosso painel, é tradicionalmente o emblema da força tranquila.

Esses elementos justificariam plenamente a presença do leão aqui, porém devemos notar particularmente a importância da evocação, mesmo velada, dessa tribo de Judá. Somente ela permaneceu fiel até o final à aliança divina, à palavra de Deus revelada a Moisés sobre a montanha no meio dos relâmpagos – montanha e relâmpagos que também figuram em nosso painel. Por isso, ela corresponde perfeitamente ao que é o perfil do que é solicitado ao MX e, mais ainda, ao que será exigido dele, se ele entrar na Ordem Interior. Isso não pode de forma alguma nos surpreender, se lembrarmos do que foi dito na sucessão das respostas às perguntas da Ordem, na Câmara de preparação, onde permaneceu o Aprendiz: "Eu devo realmente vos prevenir de que elas vos serão frequentemente relembradas, e que, antes da época onde vós tereis de respondê-las

---

66. *Le langage secret du blason*, G. de Sorval, Albin Michel, p. 119.
67. Ibidem.
68. O leão é o emblema da tribo de Judá, cujos últimos soberanos despareceram durante o exílio na Babilônia. Ela é proveniente do quarto filho de Jacó, dos quais descenderão os ancestrais do Cristo, segundo a genealogia fornecida na N.T.: Isaías, Davi, Salomão e Zorobabel, personagem central deste Grau. É por isso que Cristo é chamado "o Leão de Judá" neste versículo.

de uma maneira mais positiva, vós devereis provar a vossos Irmãos, pela prática invariável do que a Ordem exige, a conformidade real de vossos sentimentos com a doutrina moral e religiosa que constitui a base dessa respeitável associação". Dificilmente poderíamos então dizer mais.

Além do mais, é interessante notar que o leão, nas iluminuras medievais, simbolizava a dupla natureza celeste e terrestre, exatamente o triângulo entrelaçado da joia do Grau. A cabeça e a parte superior do corpo eram colocadas em correspondência com a natureza divina do Cristo; a parte posterior, com a natureza humana.

Como todo símbolo, o leão possui seu aspecto obscuro que não é inútil mencionar, pois ele nos afeta diretamente como buscador na via. É, em várias passagens da Escritura, o animal devorador e destruidor e, de modo mais usual, representa as forças instintivas e impulsivas não dominadas. É por isso que Santo Hipólito elaborava ao mesmo tempo o símbolo do Cristo e o do Anticristo; esse aspecto obscuro, inerente à nossa natureza e que faz parte de nossa sombra,[69] essa parte de nós mesmos que nos empurra tão frequentemente, que não a assimilamos, aspecto que deve ser dominado. E é essa uma das razões da presença entre as patas do leão dos "utensílios matemáticos" e da presença da virtude da Força. Pelos primeiros, a construção do Templo interior tornou-se possível; pelo exercício da segunda, a perseverança pode manifestar-se.

Outro ponto importante, encontrando uma evidente aplicação no Grau intermediário, que é o de Mestre X, é o lendário; de fato, um guardião do limiar. Ele barra o caminho ou interdita um acesso e deve ser domado. As lendas, não esqueçamos, são o modo de transmissão preferido pela tradição oral e é necessário ver nelas algo bem além do que contos para crianças ou histórias divertidas. Na iconografia medieval, tanto na escultura quanto nas iluminuras, o leão é frequentemente representado como um guardião da árvore sagrada (a árvore da cruz, a árvore da vida do Éden).[70] Nesse sentido de "guardião do limiar", ele se associa perfeitamente a essa noção de Grau intermediário, entre Maçonaria Simbólica e Ordem Interior, e evoca a divisa que acompanha o painel.

Assim, o leão sob seus aspectos múltiplos e, sobretudo, talvez sob aquele de guardião do limiar, deve ser percebido "ao mesmo tempo como um símbolo do animal que devora, que faz desaparecer, e como

---

69. O aspecto oculto de nós mesmos, aquele que é necessário chegar a colocar sob a luz para tomarmos consciência, conforme indica o ritual de Companheiro pela prova do espelho, insistindo fortemente pela injunção: "Se tu tens um desejo verdadeiro, coragem e inteligência, descarta este véu e tu aprenderás a te conhecer".
70. *Initiation à la symbolique romane*, M.-M. Davy, Champs Flammarion, p. 217-218.

um símbolo do animal que confere à sua vítima devorada algo de sua própria potência vital, realizando nele uma verdadeira metamorfose pela passagem através da morte".[71] É assim uma figura psicopompa, o que nos remete à divisa do Grau e indica, apesar de que em termos velados, sua possível transição.

BRINCANDO COM OS INSTRUMENTOS DE MATEMÁTICA

Diz-se instrumentos de matemática e não utensílios maçônicos como encontraríamos em outros Ritos. Os instrumentos são objetos empregados para executar alguma coisa com um intuito; os utensílios são objetos empregados para uma operação. Mero desvio de linguagem? Não, pois a diferença é enorme! Por um lado, de fato ela afasta qualquer referência a uma Maçonaria Operativa. Por outro lado, indica uma finalidade, afinal concebível. Esses instrumentos são qualificados como matemáticos, ou seja, necessários para o estudo das propriedades dos números, das figuras geométricas, dos espaços, etc. Esse termo foi voluntariamente escolhido para nos remeter em espírito ao que encontramos nos textos de M. de Pasqually e de L.-C. de Saint-Martin, e reconduzir-nos ao famoso versículo do Livro da Sabedoria 11, 21: "Tudo é regido com número, peso e medida". "Matemáticos" deve ser compreendido aqui como: ciência dos números, esses números que têm uma posição tão importante na estrutura interna desse Rito. Para se convencer, basta ler as *Instruções aos Grandes Professos*, o tratado *Des nombres* e as *Leçons de Lyon*.[72] Louis-Claude de Saint-Martin, em sua carta para Kirchberger, de 7 de junho de 1796, escreveu: "Os números não são meramente uma álgebra, meu caro Irmão, são os homens que os rebaixaram a isso algumas vezes: eles são apenas a expressão sensível, visível ou intelectual, das diversas propriedades dos seres, as quais todas provêm da única essência. A instrução teórica tradicional permite transmitir-nos uma parte dessa ciência[73] [...]".

É pertinente nos interessarmos pela etimologia do termo matemática, hoje esquecida, mas ainda ensinada no século XVIII, e notar que essa palavra provém do termo grego *mathematikos,* que significa completamente ao mesmo tempo "quem deseja aprender" e "ciência"; um termo que utili-

---

71. *Introduction au monde des symboles*, Dom Sébastien Stercks e Gérard Champeaux.
72. Ver as obras citadas na bibliografia.
73. *Correspondance de L.-C. de Saint-Martin avec Nicolas-Antoine Kirchberger, du 22 mai 1792 au 7 novembre 1797, lettre 90, d'après l'édition de L. Schauer e A. Chuquet*, Paris, E. Dentu, 1862.

zado no plural toma o sentido de "conhecimentos".[74] Eu me permito supor o que são esses conhecimentos...

Cada expressão e cada palavra são importantes em um ritual; ora, nos é dito: *Brincando com*... e não *operando* ou *trabalhando*, ou até mesmo *servindo-se* ou *utilizando*. O que devemos compreender por brincar? É um aspecto puramente lúdico ou algo bem diferente? Não é necessário compreendermos que esse verbo nos indica, exatamente como o faria, a expressão moderna *"não ligar"*, a calma que devemos ter adquirido por nossos trabalhos anteriores, ou se não é o caso de adquiri-la, enfim, nesse Grau antes de prosseguir, pela utilização prática e figurada desses instrumentos? Não seria o caso de dizer que o leão os domina, tem de fato a própria maestria; ou, melhor ainda, que ele os domina para o que seu uso é necessário? Ora, esses instrumentos são úteis à construção, mas aqui, evidentemente, já que se trata do segundo Templo: à reconstrução. Reconstrução... reconciliação... reintegração... Todo o percurso indicado pela teosofia de Martinez de Pasqually.

Assim, antes de podermos ir mais longe, de realizarmos esse percurso, seu uso não deve, nem deveria mais ser para nós, fruto de um esforço, mas o resultado de uma exata compreensão de seu funcionamento e de seu papel. Isso não volta a nos incitar a fazer um balanço geral? A noção de repouso claramente indicada na descrição do painel ("repousando sob o abrigo de um rochedo") não deve ser aproveitada para isso? "Tudo tem seu tempo determinado, e há tempo para todo o propósito sob o céu", está escrito em Eclesiastes 3,1, e o céu de Quohélet é aqui o rochedo simbólico...

Evidentemente, esse emblema, essa simples imagem, esclarecido pela rápida descrição que o Ritual fornece, dispõe as condições prévias para o desenvolvimento e para a realização da máxima associada ao painel.

OS OUTROS ELEMENTOS

O rochedo sob o qual se abriga o leão deve aqui ser visto sob uma perspectiva de proteção. A descrição do painel não insiste duplamente na calma e na tranquilidade que essa fera emblemática expressa? O simbolismo do rochedo é muito vasto e bem conhecido para ser detalhado aqui; nós nos limitaremos a dizer que, no Antigo Testamento, o rochedo é um símbolo de segurança e de proteção. Lá, o Eterno é frequentemente chamado de Rochedo de Israel, amparo de seus fiéis e

---

74. *Cf. Dictionnaire historique de la langue française*, Robert.

da linhagem davídica, da qual Cristo é proveniente. Os Salmos são uma perfeita ilustração,[75] e muito particularmente o Salmo 18,2-3 sozinho bastaria para explicar essa parte do painel, pois na verdade ele se aplica à totalidade do ritual do Grau: "Eu te amo, ó Eterno, minha força! Eterno, meu rochedo, meu amparo, meu libertador! Meu Deus, meu rochedo onde encontro um abrigo! Meu Escudo, a força que me salva, meu elevado refúgio!".

Essa proteção não é de ordem material, mas de natureza espiritual, a única que importa aqui, pois é a única que permite prosseguir a via. Não está escrito: "O Eterno é meu rochedo" (Salmo 18,2 e 2 Samuel 22,2); e é o "rochedo de Israel" (2 Samuel 22,2; Salmo 27,5 e 40,3); e, mais ainda, a nós aqui: "o Rochedo de minha salvação" (Salmo 89,27). Não nos esqueçamos de que Rochedo é utilizado como Nome divino inúmeras vezes, por exemplo em Deuteronômio 32,4, 15, 18, 30 e 31; 2 Samuel 22,47 e 23,3; Salmo 18,46; Habacuc 1,12. Essa outra leitura do Rochedo não está de acordo com a visão que fornece, como resultado da cerimônia de recepção, o último painel do Grau?

Ao redor, desencadeia-se a tempestade portadora de relâmpagos. Essa representação, longe de ser neutra, aprimora a noção de proteção. Devemos ler aí, contrariamente ao significado que lhe dava a Estrita Observância Templária, a lembrança de uma teofania. Isso deve fazer lembrar dos versículos de Êxodo 19,16-19, que descrevem a manifestação do Eterno a Moisés no topo do Monte Horeb, e também da expressão dos salmos: "a voz do Senhor separa as labaredas de fogo" (Salmo 29,7) ou ainda do Apocalipse, na visão do trono de Deus: "Do trono saíam relâmpagos, vozes e trovões" (Apocalipse 4,5) e também: "Ouvi uma voz vindo do céu, como a voz de muitas águas, e como a voz de um grande trovão" (Apocalipse 14,2). Apesar disso, que poderia ser considerado como uma lembrança velada das operações teúrgicas dos Élus Cohens, não esqueçamos que essa representação comporta uma advertência importante aqui. A tempestade e os relâmpagos são uma indicação evidente do perigo, dos riscos adquiridos. Qual perigo? Lembremo-nos do que nos diz Eclesiastes em 1,18: "Quem aumenta seu conhecimento, aumenta sua dor". E quem aumenta seu conhecimento sem consciência, afasta-se do verdadeiro caminho, afundando-se no orgulho e na paixão cega; de qualquer forma, na "inflação" da qual nos fala C. G. Jung. Rabelais já nos dizia: "Ciência sem consciência é apenas ruína da alma".

As nuvens e os relâmpagos que sobrepujam o abrigo do rochedo podem ser interpretados em dois níveis; aliás, é assim para todo sím-

---

75. Ver Salmos 19,14; 28,1; 31,3; 42,9; 73,26; 78,35; 89,26; 92,15; 95,1; 144,1.

bolo. Antes de tudo, o céu carregado de ameaças pode ser considerado como figurando, por um lado, as perturbações do mundo no qual vivemos, seja aqui a materialidade que nos afasta demais da via espiritual ("Não podeis servir a Deus e a Mammon", Mateus 6,24); e, por outro lado, como uma imagem do problema que necessariamente provoca uma permanente retomada; ora, um percurso iniciático vivenciado sinceramente não é outra coisa. Se há ameaça aí, ela deve ser compreendida como sendo a da perturbação que viverá aquele que, no caminho, se interrompe na via, ou pior, abandona-a ocasionalmente sem nem mesmo sempre ter consciência plenamente. Caso desejemos ou não, a responsabilidade do homem aumenta proporcionalmente com o aumento de seu conhecimento, com o nível de sua tomada de consciência. Se em nosso materialismo atual "não tem importância supostamente ignorar a lei", na perspectiva bíblica, que é a única que importa aqui, só é culpado de transgressão aquele que conhece a lei. Há aí, como em outros aspectos de acordo com essa perspectiva, uma verdadeira inversão do modo de pensar e uma responsabilização muito mais significativa.

Em um segundo nível, esses elementos celestes podem ser considerados como símbolos da influência espiritual. O relâmpago e o raio, em todas as épocas e em todas as civilizações e tradições, representaram o poder divino. Limitando-se à nossa única tradição, o que parece indispensável aqui, a Bíblia nos fornece diversos exemplos. Nós tomaremos apenas aquele dado em 1 Reis 18,38, pois ele é particularmente atual nesse contexto, quando Elias confunde os falsos profetas, e que "o fogo do Eterno caiu e consumiu o holocausto, a lenha, as pedras e o pó, e absorveu a água que estava no rego".

Se assemelharmos o relâmpago à iluminação espiritual, a chuva é um princípio fecundante – "Nenhum produto dos campos [...] aparecia ainda sobre a terra, pois o Eterno não tinha feito ainda chover sobre a terra [...]", Gênesis 2,5 – Os místicos do Islã consideram que Deus envia seu anjo com cada gota de chuva. A chuva é essa água celeste, proveniente das águas superiores da Gênese, que "cobre de bênçãos" (Salmo 84,7), água pura que lava as máculas. Seu papel, sua função, são perfeitamente definidos pelo profeta Isaías (45,8): "Derramai, ó céus, lá dessas alturas, vosso orvalho; e vós, nuvens, façais chover a Justiça! Que a terra se abra para fazer todo conjunto florir a salvação e germinar a virtude! Eu, o Eterno, realizei tudo isso[76]." Esse segundo nível é tão evidente, por causa só dessas citações, que parece supérfluo insistir nesse ponto.

---

76. Tradução: Bíblia do rabinato.

O leão *brinca* ao abrigo do *rochedo* com os instrumentos maçônicos, os *utensílios matemáticos*. Eles permitiram pelo estudo, pela reflexão e pela análise estabelecer os fundamentos indispensáveis, para depois reconstruir o Templo, conforme o novo Mestre X será convocado a fazê-lo durante seu trabalho no segundo painel do Grau. Ele deverá, então, questionar-se sobre qual é a verdadeira natureza desse Templo. Feito isso, caberá a ele se abrir para outra coisa, mais exatamente para uma nova etapa de sua realização, como o convida a divisa *Meliora praesumo* e conforme começarão a se expressar claramente para ele o terceiro e o quarto painéis. Mas ele deverá ficar consciente de que não permanecerá menos restrito aos limites inerentes à realidade do momento, em seu estado de ser de então; isso até que, talvez um dia, o que era virtual torne-se real, efetivando-se. É preciso toda uma vida para isso...

O Primeiro Painel do Grau

Antes de examinarmos o primeiro painel do Grau, é necessário relembrarmos duas ou três coisas muito frequentemente esquecidas com relação aos painéis e ao tapete da Loja. Esses poucos dados nos parecem indispensáveis, no que se refere à compreensão e ao papel do painel.

Um painel de Loja, em qualquer Grau que trabalhemos, não é um mero resumo dos conhecimentos específicos do Grau. Se fosse só isso, e infelizmente se tornou assim para muitos, ele não teria uma verdadeira utilidade no caminho iniciático. Seria uma decoração ou, na melhor das hipóteses, um mnemônico. É necessário lembrarmos que, nas Lojas Operativas, o painel de Loja era traçado manualmente na abertura dos trabalhos e, depois, cuidadosamente apagado no encerramento. Esse traçado material, que algumas Lojas Especulativas bem raras ainda praticam, fazia-se em um profundo silêncio. A atenção ativa de cada um dos Irmãos se associava ao ato de executá-lo e seguia os mínimos detalhes. Essa atenção vigilante, de rigor para cada ato ritualístico, não tem nenhum intuito crítico; não se trata muito de verificar a exatidão do traçado nem propriamente de realizá-lo mentalmente.

No R.E.R., é frequentemente recordado aos assistentes: "Prestem atenção, meus Irmãos", e o mais profundo silêncio é recomendado. Se esse silêncio deve existir exteriormente, ele deve ser também um "silêncio do mental", ou seja, uma cessação de sua atividade permanente, que provoca a intromissão de ideias diversas sem relação com o momento.

Essa vigilância tem uma meta de impregnação e deve permitir evacuar os aspectos do mundo exterior qualificado de profano, em contraste com o espaço sacralizado criado pela abertura dos trabalhos; ela deve contribuir para dispersar os pensamentos parasitas. Ela deve permitir penetrar e situar-se, nas melhores condições possíveis, no espaço e no tempo sagrados dos trabalhos. Ora, o painel, ou o tapete da Loja,

Primeiro Painel

constitui de alguma forma o centro desse espaço. É em torno dele que se reúnem os Irmãos para as preces de abertura e de fechamento, para a Cadeia de União* e quando é dada a ordem de "formar a Loja". Isso requer uma maestria do estado de consciência, mais difícil de realizar do que parece. Quando o painel é efetivamente traçado, cada um dos seus elementos simbólicos torna-se um sinal que toma vida e "fala" diretamente aos participantes. Para tentar uma comparação, imperfeita em muitos pontos, é como a meditação sobre uma mandala no Oriente, nas diferentes vias do Budismo.

Esse traçado, e seu acompanhamento, deve ser percebido e compreendido como um elemento essencial do método de realização espiritual; e não existe via iniciática sem método de realização efetivamente transmitido. A facilidade que consiste em utilizar um painel pintado de maneira industrial deve ser considerada como uma perda, como um enfraquecimento, sobretudo nos três primeiros Graus. Isso se traduz, na prática, por uma dificuldade suplementar estabelecida no hipotético caminho da realização.

O Mestre X, se ele for mais tarde admitido na Ordem Interior, encontrará a mesma coisa com seu brasão de C.B.C.S., que deve ser elaborado segundo regras precisas. Ele deverá ao mesmo tempo desenhá-lo e pintá-lo por si mesmo, não mecânica, mas conscientemente. Isso deveria ser feito um pouco parecido como para a elaboração de um ícone, pois: "o brasão é um programa de desenvolvimento moral e espiritual e, portanto, de mortificação do ego: ele simboliza, de certa maneira, a morte para o mundo das aparências e a descoberta epifânica da centelha real, do *homem nobre* em si. É unicamente a parte nobre, imperecível, do ser que se mostra no escudo".[77]

O primeiro painel do Grau representa o Templo destruído e, especialmente, seu interior saqueado e escancarado, aberto a todos os ventos. As duas colunas de bronze do pórtico, quebradas; ora, seus nomes Jaquim e Boaz, tais como dados nos Livros dos Reis, significam: "Ele estabelecerá" e "na força". Além desse significado, a lenda indica que elas eram ocas e continham os projetos e os utensílios necessários à construção do templo. Sua aniquilação é muito mais do que uma destruição material, ela indica a perda do que era essencial ao trabalho ao qual deve consagrar-se o maçom. Como ele reconstruirá o

---

* N.E.: Sugerimos a leitura de *A Cadeia de União e seus Elos*, de Rizzardo da Camino, Madras Editora.
77. *Le Langage secret du blason*, Gérard de Sorval, p. 155, Albin Michel, reeditado por Éditions Dervy.

Templo, já que, sempre de acordo com a Escritura, os planos não eram da mão do homem, mas comunicados pelo Eterno a Davi? E mais ainda, pelos nomes delas, "Ele estabelecerá na força", essa destruição assinala a retirada da presença divina, da *Shekinah*. Da mesma forma, a tríade essencial que sustenta o Templo: Força – Sabedoria – Beleza, sempre figurada na Loja Azul pelos três pilares que envolvem o Tapete da Loja, não está mais presente. Essa tríade é evocada no R.E.R., em cada Grau, durante a prece de abertura: "[...] a fim de que o templo que começamos a elevar para tua glória seja *fundado na sabedoria, decorado pela beleza e sustentado pela força*, que vêm de ti [...]" e encontraremos essa construção materializada pelo segundo painel.

Em virtude do desaparecimento dos planos e a retirada da Presença, a Força e a Beleza são aniquiladas e a Sabedoria desaparece sem deixar sinal. O pavimento mosaico, que encobre o subterrâneo do Templo, e a escadaria de sete degraus estão em ruínas, o altar dos perfumes, a mesa de pães sagrados, o altar dos holocaustos [sacrifícios] [...] não estão mais lá. O Mar de Bronze jaz quebrado no chão, porém mesmo destruído ele permanece presente, ao contrário dos outros instrumentos do culto. Esse ponto é importante, mas o estudaremos detalhadamente com o exame do segundo painel, em que ele reaparecerá em sua integridade. As correntes, sinais de escravidão e servidão, estão espalhadas no chão ao redor das ruínas.

Essa representação não é de forma alguma uma novidade própria do quarto Grau, e não pode surpreender aquele que venha a ingressar. De fato, no R.E.R., ao contrário do que se passa em alguns outros Ritos, desde o primeiro Grau, o Templo de Salomão é considerado como destruído, e ele ainda ficará assim até o terceiro Grau, no qual tudo se desenrola no canteiro do templo. O novo maçom sabe, desde o dia de sua recepção na Ordem, que ele deverá reconstruí-lo.[78] O que lhe é dito aqui é explícito e deve fazer-lhe compreender que se trata do Templo interior, do Templo do homem, sobre o qual o Cristo disse "Destruí esse Templo, e eu o levantarei em três dias" (João 2,19).

Esse primeiro painel é o mais simples e o mais evidente dos quatro que serão apresentados sucessivamente. Se ele é introdutório e representativo de uma ideia muito geral, isso não presume nada sobre sua importância, pois sem ele a sucessão rigorosamente organizada dos outros três seria incompreensível. Além das explicações históricas, em seguida análogas, abundantes ao recipiendário no discurso que lhe é

---

78. Ver, por exemplo, a reprodução de um tapete da Loja de Mestre, que data de 1747, na obra de Le Forestier, op. cit.

dirigido, explicações indispensáveis, mas de alguma forma exteriores, há aí algo bem diferente. E o Deputado Mestre o sugere em algumas palavras, cujo sentido lhe surge claramente, se ele estiver atento: "o homem vulgar só vê e só busca as causas aparentes [...] mas o Sábio desloca sua vista para além dessa esfera do sensível. Ele sabe que por trás dela há uma causa inteligente, ativa, eterna e toda-poderosa".

É necessário compreender que essa completa ruína e esses instrumentos de escravidão não representam outra coisa senão o homem no dia de sua recepção na Loja Verde. Ele "debastou sua pedra", segundo a expressão consagrada; livrou-se de seu entulho – ou seja, do que lhe é estranho –; ele chegou progressivamente à Maestria, pelo menos virtual. De agora em diante, ele supostamente se transformou, de modo que possa inserir-se na construção, pedra dentre outras pedras. Porém mostramos, novamente, tudo o que resta a fazer. Mostramos que, se ele tinha a presunção de pensar ter concluído seu caminho, não é nada disso. Ele não está mais, certamente, no estado indiferenciado do qual a iniciação o tirou, mas ele não está ainda construído, ou mais exatamente reconstruído. Esse interior saqueado e esses sacratíssimos instrumentos mutilados, profanados ou desaparecidos, devem mais uma vez obrigá-lo a se interrogar sobre o que ele ainda é neste instante dentro dele mesmo. Ele tem verdadeiramente consciência disso, sua verdade lhe é conhecida? Ninguém pode responder por si, e talvez ele não possa fazer isso sozinho com toda objetividade. Fica reconhecido, desde esse nível, que aquele que só veio à Loja Verde para obter um vão reconhecimento por parte de seus colegas, e posteriormente pelas honras supérfluas durante sua hipotética entrada na Ordem Interior, passará ao lado dessa questão vital. Ela não tangenciará nem mesmo seu espírito, e a frase do discurso citado um pouco antes permanecerá vazia para ele. Tudo o que perseguirá será então letra morta. E é exatamente assim, pois o verdadeiro segredo indizível estará preservado.

Que as colunas de bronze do Pórtico estejam todas as duas quebradas e derrubadas, deve recordar-lhe pelo menos dois pontos principais do Grau de Aprendiz. Tudo, praticamente, já existe lá como uma marca d'água. Antes de tudo, o painel do primeiro Grau que representa uma coluna quebrada, mas que faz apelo à virtude teologal da Esperança pela divisa que o orna: *Aduc Stat*! Em seguida, uma máxima dada depois o Orienta, durante sua primeira viagem pelo caminho obscuro do Norte: "O homem é a imagem imortal de Deus; mas quem poderá reconhecê-la, se ele mesmo a desfigura?". Uma máxima que se supõe ele ter meditado longamente durante os anos que precederam sua recepção como

Mestre Escocês de Santo André e que ainda reaparecerá de maneira alusiva mais adiante na cerimônia.

As correntes, com as quais suas mãos estão amarradas, serão percebidas por ele durante seu ingresso na fé das declarações de renúncia às paixões,[79] que ele fará mais uma vez, pois é certo que as renúncias anteriores não foram seguidas por um resultado pleno: "[...] esse Irmão foi introduzido aqui com os sinais da servidão, como sendo ainda escravo das paixões e dos vícios que degradam a humanidade. Removei dele então suas correntes, que são o emblema, uma vez que ele chegou a renunciar, em nossa presença, ao seu império, por sua própria e livre vontade".

Na verdade, são realmente essas paixões, cujas correntes são o emblema, que o tornam escravo e o ligam aos desejos de ordem puramente material e à fortificação do ego. São elas que o impedem de tomar com facilidade e liberdade uma via de libertação espiritual. Mas é possível nos separarmos totalmente um dia? Certamente não, salvo para raros seres excepcionais; a vida deste século e as restrições sociais opõem-se muito fortemente a isso.

A alegoria constituída por essas correntes é de uma rara evidência. As mãos, tornando-se livres, podem começar a trabalhar. No entanto, não se trata de uma obra material! E então? É necessário lembrarmos aqui que a mão é, entre outras coisas, um emblema da maestria e da supremacia, porém são para nós aqui, sobretudo, um símbolo do conhecimento ativo.[80] Tais declarações de renúncia podem ser feitas sinceramente e com boa consciência, mas é certo que essa renúncia resistirá a um evento fortuito? É certo que a virtude da Temperança, proposta no segundo Grau, associada à Prudência imposta no terceiro, tornou-se bem efetiva? Encontraremos essas virtudes com o terceiro painel.

Essas correntes com elos triangulares, evocando o triângulo inferior da estrela de seis pontas, o triângulo terrestre do estado humano, o da natureza inferior, são removidas; o recipiendário fica livre com seus movimentos corporais. Mas ele é verdadeiramente liberto ou apenas mostramos por uma alegoria que ele tinha a possibilidade de ser um dia? São Tomás de Aquino não explicou com uma espécie de paradoxo que

---

79. No sentido que este termo tinha no século XVIII: o que o homem sofre de natureza, o que lhe provém do exterior.
80. É interessante notar que em hebraico, língua sagrada, o verbo conhecer *(Yada)* é a mão que se prolonga do olho e que indica uma união com o objeto conhecido. Ver também a maneira com a qual Gregório de Nysse associa as mãos ao conhecimento, em seu tratado sobre *La Création de l'homme* [A Criação do homem] (diversas traduções).

a alma contém o corpo[81] e que a alma está em cada parte do corpo?[82] A libertação de uma não ocorreria, portanto, sem a da outra. Francamente, é necessário ir além da mera aparência, pois o indivíduo livre com seus movimentos pode estar em um estado de escravidão mental, do qual não tenha necessariamente consciência. Enquanto, totalmente ao contrário, não faltam exemplos históricos de seres privados de liberdade corporal, que conservaram toda a sua liberdade mental e espiritual e que vivem plenamente.

A primeira tomada de consciência, após o questionamento de costume durante a entrada em Loja, esse painel do Templo saqueado e de seus elementos dispersos não é o evocador da missão que o Mestre recebe durante sua elevação, quando lhe é dito que o dever do Mestre é o de reunir o que está disperso? Se ele recebe a missão, e se ele percebe então alguns lampejos quanto à sua finalidade, o método não lhe é dado ainda. Os quatro painéis que se sucederão durante a cerimônia irão em parte, mas só em parte, contribuir para preencher essa lacuna.

Esse campo de ruínas deve dar consciência ao seu contemplador da existência de uma nova estrutura, que exige rejeitar uma quantidade de hábitos que foi necessário destruir previamente para poder reconstruir. "Não colocamos vinho novo em odres velhos" (Mateus 9,17). O Templo está totalmente destruído, o novo templo nascerá. Isso deve fazê-lo perceber que um mundo novo, ordenado segundo uma regra inquebrantável e correspondente a uma restauração, deve torná-lo acessível, caso ele aceite livremente participar de sua construção. Ora, essa restauração corresponde em todos os pontos ao objetivo maior da iniciação maçônica, como já correspondia àquela das iniciações antigas. Isso, caso ele não tome consciência nestes primeiros instantes da cerimônia, ele não poderá deixar de descobrir um pouco mais tarde, porém com a condição de ser animado por um real desejo. Ele será colocado nessa via por alguns dos componentes do segundo painel, e depois o quarto e último painel será o mais explícito que se pode nesse aspecto. A menos que ele não seja daqueles aos quais o Evangelho diz: "Não considerastes nem compreendestes ainda? Tendo olhos, não vedes? E tendo ouvidos, não ouvis?" (Marcos 8,18).

---

81. *Somme théologique*, t. 1, p. 213.
82. Idem, p. 220.

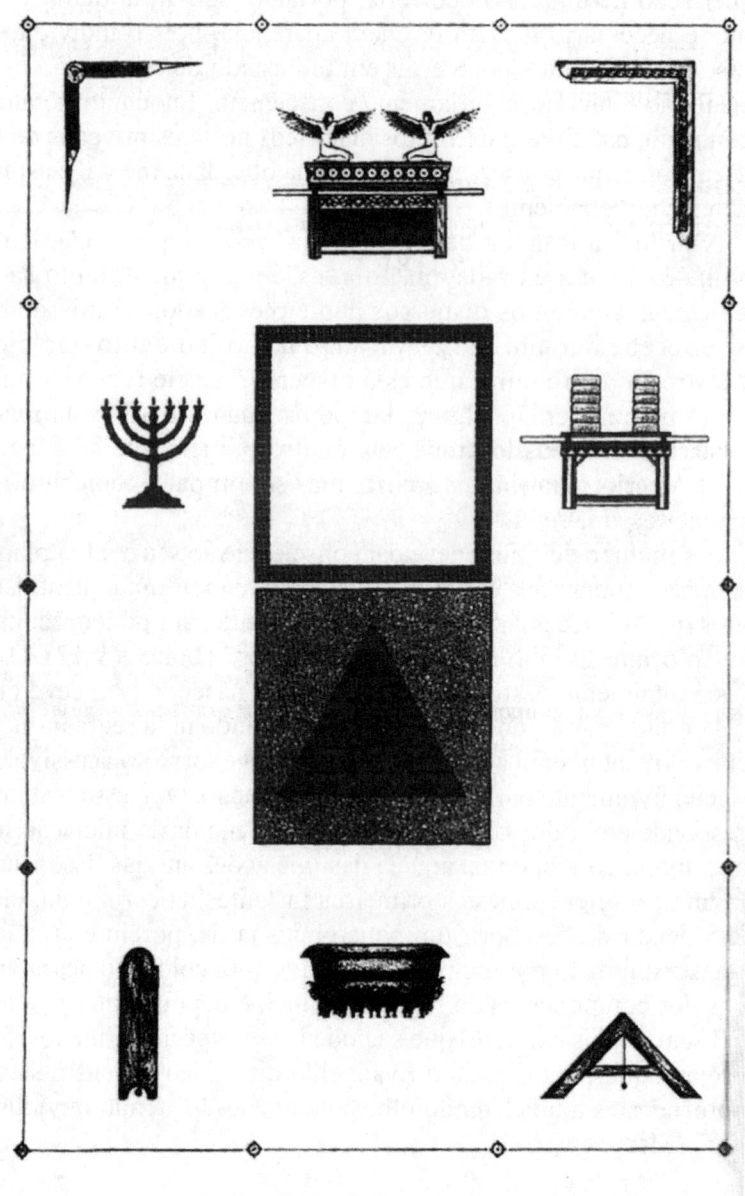

Segundo Painel

O Segundo Painel

Mudança de universo. As ruínas desapareceram, o Templo está reconstruído, mas o painel não representa uma majestosa arquitetura. Ele nos mostra somente de maneira esquemática o interior do Templo, mais exatamente ele o sugere pela presença dos diferentes objetos ritualísticos descritos nos Livros dos Reis e das Crônicas. A Arca da Aliança, sobreposta por dois querubins, indica o Santo dos Santos; a parte central do Templo, o Santo, é representada pela mesa dos pães sagrados e pelo candelabro de sete braços. Entre os dois, um espaço permanece livre para restabelecer aí o altar dos perfumes. Enfim, o pórtico é representado pelo Mar de Bronze intacto e reinstalado na base. No centro do painel, encontra-se uma pedra polida, a que o Companheiro tinha começado a realizar. Ela suporta uma lâmina de ouro triangular, similar à do Grau de Mestre, mas esta não estando mais com as iniciais que estão gravadas lá. É um Nome divino escrito, segundo uma de suas vocalizações ocidentais: Jeová, transcrição fonética arbitrária do que figura no Oriente, em letras hebraicas, sob sua forma impronunciável. Um véu encobre a lâmina de ouro das vistas e, portanto, o Nome. Ele será removido mais adiante na cerimônia por aquele que vai se tornar Mestre X. Nos quatro ângulos do painel estão desenhados os quatro utensílios maçônicos: o compasso e o esquadro no Oriente, o nível e o prumo no Ocidente, recordando a iniciação do Ofício. Eles envolvem o coração do Templo como uma primeira delimitação exterior. Sua presença consagra a disposição da obra material ao serviço da via espiritual, que por sua posição exterior mostra que ela é considerada como um preâmbulo; ela afirma de modo evidente o que até então estava apenas subentendido.

Sendo representado apenas o interior do Templo, expressa de modo bem claro que a reconstrução que deve efetuar-se será uma reconstrução interior. O que foi quebrado será restaurado ao seu estado primitivo. É uma perfeita ilustração do retorno ao estado anterior, que o misticismo judaico chama de *téchouva*, um termo sem equivalente em nossa língua. Bastante complexo, ele significa tudo ao mesmo tempo: "retorno, conversão, arrependimento e resposta". Esses quatro sentidos estão perfeitamente adaptados aqui, quando eles são compreendidos como aqueles do caminho iniciático e da via de sacralização. A raiz dessa palavra, *shouv*, designa na Escritura o retorno a Deus e ao bem. Derivando toda uma série de termos que têm sentidos opostos, como muitas vezes é o caso em hebraico: de se desviar, de se afastar; enfatizando a escolha sempre ofertada ao homem, conforme está escrito em Deuteronômio 11,26: "Eis que hoje eu ponho diante de vós a bênção e a maldição, a bênção se [...], a maldição se [...]". Em outra passagem, esse tema será retomado trocando-se bênção e maldição por vida e morte, o que na Escritura é equivalente. Encontramos lá também elementos do pensamento de Martinez de Pasqually e de Louis-Claude de Saint-Martin que influenciaram fortemente os redatores dos rituais, durante a "retificação" de 1778.[83]

Diversos elementos desse segundo painel merecem um exame especial, pois eles são ricos de ensinamentos. Eles permitem vislumbrar o que será na sequência a via do R.E.R., além desse Grau, fazendo surgir as três vias iniciáticas fundamentais: a via do ofício pelos utensílios, a via real pela espada, que será utilizada em breve, e a via sacerdotal pelo Mar de Bronze e pelo Altar dos Perfumes; todas as três se fundem na possibilidade de reintegração pela descoberta do Nome.

Observaremos facilmente um progresso na estrutura do painel. Os utensílios que correspondem à iniciação do Ofício, mas cujo significado vai tornar-se algo um pouco diferente, estão dispostos em cada um dos ângulos, com o compasso determinador no nordeste, local de posicionamento da primeira pedra; o esquadro regulador no noroeste; e os instrumentos de realização no Ocidente. Eis aí um limiar exterior indispensável para se cruzar, e assim para se assimilar. O coração do Templo é envolvido por diversos instrumentos do culto, cujo cuidado estava confiado aos levitas. É nesse segundo limiar que vai trabalhar o novo Mestre X com a trolha e a espada. Ele penetra, então, por intermédio dessa espada e pela ação, no segundo modo iniciático, ligando-o ao terceiro pela natureza de sua obra. Enfim, quando o véu que encobre o Nome for removido, ele começará a cruzar o terceiro limiar e se aproximará da iniciação sacerdotal. Ele se aproximará sozinho, sem contudo lá tomar parte, pois ele não penetrará no Santo dos Santos, e não

---

83. Cf. Le Forestier, *op. cit.* e o *Tratado da Reintegração*, de M. de Pasqually.

é ele que acenderá o Altar dos perfumes com a chama que se encontra no fundo de um poço, a pura luz que jorra da água lamacenta, como se diz na lenda de Zorobabel e do segundo Templo.

O Mar de Bronze

O segundo painel do Grau comporta, no Ocidente, a representação do Mar de Bronze. De tudo o que se encontrava no Pórtico e no vestíbulo do Templo, essa é a única coisa que está representada no painel; ora, como nada nesse Rito é representado sem razão, isso basta para provar a importância que é associada e justifica que tentemos compreender seu significado real.

Esse Mar de Bronze, seu plinto e as bacias que o envolvem são descritos com uma enorme precisão, em 1 Reis 7,23 e em 2 Crônicas 4,2-6. Está definido em Êxodo 38,22 que um primeiro Mar foi inicialmente fabricado no deserto por Bezalel, de acordo com "as ordens que o Eterno deu a Moisés". Essa primeira obra servirá de modelo àquela que mais tarde Hiram fundiu para o Templo. A obra de Bezalel é caracterizada pelo fato de que se diz dele: "Eu o enchi do Espírito de Deus que lhe concedeu habilidade, inteligência e sabedoria" (Êxodo 31,2), e que seu próprio nome, significando "À sombra de Deus", insiste na importância de sua tarefa e do que ele realiza.

Encoberto no início da cerimônia de recepção, o Mar de Bronze será descoberto pelo recipiendário durante sua recepção, com todos os outros símbolos e emblemas do painel ao mesmo tempo. Entretanto, em nenhum momento da cerimônia será feita menção explicitamente. No primeiro painel, quebrado e envolvido por correntes espalhadas, ele é representado com todos os seus detalhes no segundo, mas permanece ausente do discurso de recepção. O postulante, se o vê lá, é a certa distância. O que é então esse Mar de Bronze, por que ele fica assim ao mesmo tempo presente e ausente? Ao que ele pode corresponder ao futuro Mestre X?

A descrição, que a Escritura dá, vai fornecer a resposta. Deveremos analisá-lo pelo menos em dois planos: o plano figurado exterior, com as diferentes esculturas que o decoram e a estrutura bem especial de seu plinto; e o plano global, interior, que reside nas medidas exatas dadas pelo texto. É ao primeiro que iremos fixar-nos, pois ele responde diretamente às nossas questões.

Tudo é conhecido "com peso, número e medida" (Sabedoria 11,20), e as quatro medidas fornecidas com precisão para o Mar de

Bronze não são indiferentes. No que segue, transcreveremos cada uma delas pela letra que lhe corresponde no alfabeto hebraico, seguindo assim o método antigo. Essas letras vão dar nascimento a palavras bem precisas (não esquecer de que o hebraico é lido da direita à esquerda). Temos :[84]

A altura	5	letra *Hê* ה
A espessura	1	letra *Aleph* א
O diâmetro	10	letra *Yod* י
A circunferência	30	letra *Lamed* ל

Situado no átrio, lá onde se desenrolavam as cerimônias públicas do culto, não longe das duas colunas de bronze, ele servia, como se diz em 2 Crônicas 4,6, para o Rito purificatório dos sacerdotes do Templo, e somente para eles. Eles deviam mergulhar na água lustral que ele continha; água preparada de acordo com um ritual bem definido, longamente descrito no livro dos Números. Nas proximidades ficavam dez bacias de bronze reservadas à purificação dos assistentes e das vítimas destinadas aos holocaustos. Notemos que essas dez bacias não figuram no segundo painel. De imediato, somos de fato obrigados a constatar que o que é destinado para uso do profano não é representado e que o que é destinado aos sacerdotes é, mas como algo transparente, ao mesmo tempo exposto e que passa despercebido, em silêncio.

Devemos deduzir daí que ainda não há purificação de ordem litúrgica possível ao recipiendário, que a hora ainda não chegou e que as purificações concedidas aos profanos são permitidas?

O recipiendário entra no templo com as mãos carregadas com correntes, chegando das "ilhas da Escócia"; suas correntes mal chegam a pender. E nós veremos, mas isso é uma coincidência, que a palavra hebraica א, que caracteriza duas das dimensões planas do Mar de Bronze, significa justamente "terra circundada pelo mar" e, em outra vocalização, "desgraça". Ele chega a contemplar o Templo destruído, demolido, reduzido a duas dimensões. No momento, ele só pode vislumbrar que mais adiante será diferente, como lhe afirma a divisa do Grau (*Meliora praesumo*), mas que a exigência será maior. Ele vai descobrir também que lhe é necessário adquirir uma nova virtude, a Força, que também é expressa por uma palavra hebraica gerada pela junção de duas das dimensões planas do Mar de Bronze: אל. Ele vai precisar então adicionar uma terceira dimensão, por meio da qual passaremos do plano ao volume, o que permitirá a reconstrução efetiva e real; é isso que permitirá ir

---
84. Para um estudo detalhado da simbologia das letras hebraicas, ver nosso livro: *Voie des lettres, Voie de sagesse*, Dervy.

além. O nome divino יה (*Yah*) sugerido pelas medidas do Mar de Bronze mostra o caminho. As três dimensões planas reunidas formam a palavra יאה, pela inclusão do א no meio de duas das letras que constituem o Tetragrama. Essa palavra significa ao mesmo tempo "admitir e pertencer" e termina com אה: "eis aqui". O outro caminho, que consistiria em voltar para יה, forma a palavra הי, ou seja, "lamento". É como estava escrito: "Eis aqui a via, é aquela de יה, fora dela só há lamentações".

Não pode ser solicitado e proposto àquele que chega o mesmo que será àqueles que são os únicos que podem penetrar no santuário. Nem a exigência nem os meios podem ser ainda de mesma natureza. O Mar de Bronze vai mostrar explicitamente por suas medidas qual é a exigência formulada pelo banho de água lustral purificadora, e as razões essenciais pelas quais não se pode, de imediato, ser tomado por todos. O fato de que ele esteja lá, presente no painel e que aquele que é exaltado não o utiliza, mostra claramente toda a sequência do caminho que lhe é necessário percorrer. Ele mostra uma via do absoluto.

Para esclarecer a afirmação precedente, é necessário retomarmos esse estudo a partir do seu ponto de partida. No simbolismo tradicional, todo tanque ritualístico é uma representação do oceano primordial, das águas da gênese sobre as quais o Espírito de Deus pairava para operar a criação. Explicitamente denominado *Iam* (ים) na Escritura, o Mar de Bronze abrange esse simbolismo e recorda, no átrio do Templo, as origens. A água lustral tem sua correspondência em *maïm* (מים), as águas primordiais geradoras, aquelas antes da separação. O simbolismo próprio das duas letras *Mem*, aberta (מ) e fechada (ם), enquadrando o *Yod* (י), vem reforçar essa ideia.[85] Torna-se, então, evidente que a imersão no Mar de Bronze representará, entre outras coisas, um retorno às fontes, uma descida às profundezas do ser, descida sempre perigosa para quem a aborda sem preparação suficiente. A altura do Mar de Bronze não é representada pela letra ה, símbolo do ser, do homem realizado? Essa letra não representa também o sopro divino, o *Ruach Elohim* do Gênesis? "E o sopro de Deus pairava sobre a superfície das águas" (Gênesis 1,2).

O mergulho purificador no Mar de Bronze, nas profundezas simbólicas de *maïm*, faz surgir a presença da letra *noun*, o peixe das profundezas, o germe inicial. Isso se tornou implícito pela igualdade *mar* = 10 + 40 = 50 = *noun*. Essa indicação do retorno à origem é também acentuada pelo fato de que esse número 50 corresponde a Adão, sempre denominado "o-Adão" (האדם), em Gênesis. O נ é, no plano das dezenas, o que o ה é no plano das unidades; é a vida dentro

---

85. Ver nota anterior.

das estruturas. O 5, número que mede a altura do Mar de Bronze, indica esse 50; o נ das profundezas insondáveis e do germe fecundante está destinado a se desenvolver pela ação criadora do sopro, pela atuação do ser que deve ir à conquista de sua realidade, do "Eu" transcendental que irá impor-se diante de nós mais adiante neste estudo. A lista das unidades simboliza os utensílios dos quais o homem dispõe para sua reintegração; a lista das dezenas simboliza a operação, a utilização desses utensílios. Mas o נ é uma letra fraca e frágil. Ela tem necessidade de um apoio, como expõe o *Zohar*; não é então sem precauções que ele poderá integrar-se lá. É por isso que essa descida é perigosa àquele que a tenta, pois, se por falta de preparação, ele não tem êxito nela, ele pode de fato também se destruir completamente, assim como aniquilar o germe que ele busca.

Essa presença do נ só é revelada pelo jogo das letras, e somente àqueles que desejam de fato lê-las em sua profundeza, dificilmente exprimível pelas palavras. Essa presença oculta do נ, com os perigos que ela hospeda, já explica por si só por que não podemos, não importa em qual época de sua evolução, mergulhar no Mar de Bronze.

Nós estamos, no momento, ligados, sobretudo, aos números que expressam a altura, a espessura e o diâmetro, ou seja, as três dimensões planas. Entretanto, o Livro dos Reis nos dá também a medida da circunferência, ou seja, 30 côvados, enquanto, no plano puramente arquitetônico, os três primeiros bastam. Aliás, são os únicos que podem ser traçados no projeto do segundo painel. Nada, nenhuma palavra, é supérfluo na Escritura; e se essa dimensão é dada, é porque ela também fornece uma das chaves necessárias.

O número 30 corresponde à letra ל. É por essa circunferência, por esse ל, que será necessário passar para descer ao Mar de Bronze, para se reunir com o נ vislumbrado. ל significa "ferrão", o ferrão com o qual se picam os bois. O Mar de Bronze repousa sobre 12 bois orientados três a três, de acordo com as quatro direções do espaço. Em um de seus demais sentidos, ל indica o objetivo e o costume; ele indica quando alguém, ou algo, passa de um estado a outro; é o emblema da transformação. Não é aqui que esse ferrão obriga aquele que, cruzando a margem do Mar de Bronze, se justamente recordado pelo א, cujo um dos sentidos é: "ser ensinado" e que simboliza a força divina penetrante, mudará em sua profundeza de natureza encontrando o germe נ? E essas duas letras ל א, não são as do Nome divino *EL*; o nome divino que Melquisedeque, sacerdote e rei, comunicou a Abraão? Essas duas letras não caracterizam também a expansão e a radiação de uma das formas divinas através do ser, quando são utilizadas como sufixo, o que encontramos muito claramente nos nomes dos quatro arcanjos, Miguel, Gabriel, Rafael e Uriel?[86] Passar a esse nível, tentar penetrar na energia de *EL*, não seria presunçoso àquele que chega a penetrar no Templo com as mãos carregadas de correntes?

O jogo das letras torna tudo isso mais claro ainda pela explicação complementar que ele nos dá. Se seguirmos o movimento daquele que deseja o banho de água lustral, ele escala a altura (ה), penetra a circunferência (ל) e segura-se na borda (א). Dessas três letras, nessa ordem, nasce a palavra הלא, que significa repelir, afastar. Observemos, a propósito, que se não iniciarmos pelo א final, portanto pela integração completa da unidade transcendente, então a ação é inútil, negativa, הל, que significa NADA. E se não começarmos situando-nos na realidade de seu ser, aquele que representa o ה, permaneceremos na negação que recorda לא. Essas três mesmas letras reunidas confirmam isso: אלה significa "ser corrompido" e לאה, "enfraquecer". Essa *temura* (permutação das letras) não parece dizer-nos: "Aquele que não sabe purificar-se e encontrar sua realidade só pode enfraquecer-se e lamentar-se"?

Agora que temos alguns dos elementos da resposta à questão que estabelecemos exatamente no início, retomemos uma última vez as três medidas planas do Mar de Bronze, ou seja, א-ה-י. Elas formam, nessa ordem, uma palavra que significa "onde?". Tal interrogação não é de graça, pois ela está destinada a nos fazer definir nossa busca. E se o homem torna-se novamente germe, a ele é então ofertada a palavra אנ, a primeira palavra do Decálogo, o EU transcendental, o poder do א que ensina. Essa palavra originou-se no א, que preside a criação da Lei,[87] enquanto o ב preside a do Universo. Essa palavra é o anagrama de *ain* (אינ), a energia divina mais misteriosa, o *nada* inconcebível, o que está além do véu dos abismos e cuja aproximação só se pode tentar pela ascensão dos 32 caminhos da árvore das *Sephiroth* (as 22 letras e as dez *sephiroth*). Seria necessário um livro inteiro para tentar explicar exclusivamente isso. Essas três medidas reunidas valem 16 e a palavra אנ vale 61. O Mar de Bronze e אנ, 16 e 61, são a imagem um do outro no espelho e todos os dois pesam 7, o número do dia em que tudo se efetivou. O Mar está no nível do primordial, o 61, o outro lado do espelho, é o mundo construído na Lei. Isso não nos diz claramente: "regresse à

---

86. Rafael: "Deus o cura", raiz "tornar-se são". Miguel: "Quem é como Deus?", raiz "Quem?". Gabriel: "homem de Deus", raiz "tornar-se forte". Uriel: "chama de Deus", raiz "a luz".
87. Aleph é a inicial da primeira palavra do Decálogo; e Beith, a da primeira palavra do Gênesis.

origem para se conduzir à compreensão da Lei"? E no contexto em que essa palavra aparece aqui, isso não significaria que o objetivo é vivificar ainda mais a Lei, imitando numerosos versículos dos evangelhos que tratam de sua efetivação? Passamos de um mundo a outro, penetrando conscientemente no Mar de Bronze, mas com seus riscos e perigos.

Para concluir este estudo bem sucinto, resta levar em conta a projeção no futuro que abrange o Mar de Bronze pelas lições fornecidas por suas dimensões. אהל, *Ohel*, é tanto o filho de Zorobabel que reconstruiu o Templo quanto o nome que Ezequiel dá ao Templo durante sua visão, em 41,1. Por aí, deixamos o mundo do presente e da eventualidade, para aquele do futuro e do atemporal. Porém mais ainda, e aí a perspectiva torna-se quase infinita: as quatro dimensões reunidas que o Livro dos Reis fornece, transpostas em letras, não são outras senão o nome de Elias, santo e profeta, arrebatado ao Céu, e sobre o qual a Escritura prediz o retorno (Malaquias 3-24). Quanto a isso, encontramos João, o Batista, o qual o Cristo disse que ele é o Elias que regressou. (Mateus 11,7-14 e 17,1-13; Marcos 9, 2-13).

O laço se fecha novamente, mas a riqueza simbólica do Mar de Bronze não é esgotada com tudo isso. Está evidente que esse Mar não pode ser utilizado, não importa em qual momento do caminho, e que é prudente apresentá-lo sem falar ao nível desse segundo painel. Aquele que desejará purificar-se aí com toda consciência deverá preparar-se longa e plenamente, sob pena de não resistir.

Pela trolha e pela espada

A espada e a trolha encontram-se nos Graus ditos superiores de todos os Ritos, quando seu tema é a reconstrução do Templo pelos exilados da Babilônia. Portanto, elas não são específicas de nenhum Rito, e isso é bem normal, já que todos possuem sua inspiração, no todo ou em parte, no texto bíblico. Porém, veremos que no R.E.R. elas adquirem uma importância peculiar.

O Deputado Mestre arma o impetrante com uma espada e uma trolha, dizendo-lhe:[88]

> *Como vós estais destinado a trabalhar na reedificação do Templo, e assim estareis exposto a muitos ataques neste trabalho, eu vos armo com esta espada (ele lhe entrega a sua) da qual vós vos servireis*

---

88. Manuscrito do Ritual apresentado no Convento de Lyon e conservado na biblioteca do Grande Oriente dos Países Baixos.

em uma mão para vossa defesa e a de vossos irmãos, enquanto vós vos servireis na outra da trolha, que vos confio (ele lhe entrega também a trolha que estava sobre a mesa), mas tomai cuidado para jamais difamar nem uma nem outra por qualquer injustiça aos olhos do Juiz Supremo de todas as vossas ações.

Para a reconstrução, o recém-chegado trabalhará com a trolha na mão direita, protegido e auxiliado pela espada na mão esquerda, como dito na Escritura.[89] Equipado dessa forma, ele deverá descobrir sucessivamente todos os elementos do painel. A espada está lá para combater, pois há sempre um combate contra si mesmo para se empreender. Algo tende permanentemente a nos fazer retornar à facilidade, ao prazer sob o poder das paixões, a facilidade da vida material.[90] Não se trata de forma alguma de partir de considerações psicanalíticas, por mais úteis que possam ser, mas de constatar um fato que colocará em evidência o terceiro painel, o qual, além da ação, indicará o método.

A questão aqui não é a de analisar o simbolismo da espada, uma obra inteira seria necessária para isso. É necessário simplesmente lembrarmos que no R.E.R. ela permanece, antes de tudo, sendo uma arma,[91] mesmo que ela possua também outros significados. Ela é um emblema da via Real e da iniciação cavalheiresca, parte integrante da Ordem Interior. A espada é também um símbolo do raio solar emanado do sol espiritual. Ela é o raio do verbo divino e, por seu duplo corte, representa seu duplo aspecto: destruidor e criador. Ela é muito especialmente o gládio que evoca o Cristo dizendo: "Eu não vim para trazer a paz, mas o gládio" (Mateus 10,34), o gládio da guerra santa interior, libertadora, que só pode levar à verdade, permitindo as conquistas espirituais. Essa guerra, pelo gládio, deve permitir cortar associações conceituais e desfazer-se dos liames limitadores. Será necessário prosseguir até se separar dos meios (símbolos e emblemas) até então utilizados, apesar de conservarem todo o seu valor, e que pensar tê-los liquidado seria

---

89. Neemias 4,11-12: "[...] em uma mão cada um assegurava o seu trabalho, e na outra segurava uma arma. Cada um dos construtores, enquanto trabalhavam, portava sua espada cingida na bainha". (Tradução da Bíblia do rabinato, versão escolhida por ser menos "literal" e por conservar os termos do texto hebraico.)
90. O que a tradição hebraica denomina "o mau atraente", sistematicamente apresentado ao lado do "bom atraente". Ela explica isso pela exegese de uma anomalia ortográfica em Gênesis 2,7, que faz surgir um duplo *Yod* no verbo formar, anomalia que só existe pela formação do homem. Cf. nosso livro: *Voie des lettres, Voie de sagesse*, cap. do *Yod*.
91. Diz-se no ritual de Aprendiz: "Vós vedes neste momento as mesmas armas sacadas para vossa defesa" e "doravante vós vos servireis delas apenas para salvação da pátria e de vossos Irmãos, e para a defesa da religião". (Observação: o último termo dessa frase não figura no ritual primitivo de 1778.)

iludir-se. Isso porque eles ajudarão a compreender o terceiro e o quarto painéis. Com relação à espada, aliás, encontramos na Instrução secreta aos Grandes Professos a seguinte explicação: "Vossa espada, o potente sinal da semelhança do homem com seu criador, foi também devolvida a vós...",[92] confirmando uma mudança de plano.

Quanto à trolha, como ela figura no altar do Oriente nos Graus anteriores, lá ela é sempre passiva no sentido de que jamais é utilizada nem manejada em nenhuma cerimônia. Em vista desse fato, alguns quiseram ver aí uma transferência, uma sobrevivência de Ritos anteriores. Isso parece errôneo, ou pelo menos bastante superficial. É necessário lembrarmos que na iconografia cristã, e principalmente na da Idade Média, o Criador é muitas vezes representado com uma trolha na mão. É assim um símbolo do poder divino consolidante, se é que podemos dizer; em outras representações mais conhecidas, sua obra criadora é representada pelo compasso ou pelo esquadro.

A Instrução de perguntas e respostas do primeiro Grau evoca em sua terceira seção esse utensílio em duas frases lapidares, dentre os utensílios emblemáticos móveis, em que ela se encontra apresentada com o compasso e o malhete:

Pergunta: Qual é a utilidade da trolha?
Resposta: Os F∴M∴ servem-se dela para elevar templos à virtude.

A instrução se divide assim em quatro partes em um nível puramente moral e completamente exterior. Aliás, ela define templos e não o Templo, o que aumenta a generalidade, mesmo se em outro lugar, por toques sutis, ela se demonstra mais precisa, falando do Templo. Jamais se fará questão dessa trolha nos três primeiros Graus, apesar de que ela representa um utensílio de construção ativa, o único que permite cimentar, ou seja, tornar uma construção sólida, definitiva e duradoura. Isso equivaleria a querer compreender que até nesse instante todo o trabalho, que foi feito nos Graus precedentes, eram apenas fases preparatórias indispensáveis? Isso parece ser bem o caso e o Deputado Mestre o confirma durante uma de suas exortações ao impetrante, dizendo-lhe muito claramente: "Aqui se interrompe a via dos símbolos". Com isso ele abre a porta para outra coisa (*meliora praesumo*), mas sem definição direta, como sempre é o caso no método pedagógico do R.E.R., e a presença da trolha desde o início da via do Retificado procederia da mesma razão, do mesmo método. É bom lembrarmos aqui de uma expressão de uso corrente no século XVIII: "Diz-se de um homem que ama construir, que ele ama a trolha". (Artigo trolha do

---
92. Le Forestier, anexo, *op.cit.*, p. 1048.

Dictionnaire de l'Académie, de 1694). Se essa expressão desapareceu de nosso vocabulário hoje, ela era perfeitamente conhecida pelos redatores de nossos rituais, e era fácil e evidente para eles transpô-la de seu sentido material a um sentido espiritual.

Se existem trolhas de diferentes formas, a de maçom, que serve para edificar, para construir solidamente soldando os blocos, uns aos outros, tem a lâmina triangular. Reconstruindo o Templo, o impetrante se reconstrói. Ora, o homem está em estreita relação com o universo terrestre, o qual, segundo as teses de Martinez de Pasqually onipresentes no R.E.R., é o Templo exterior; o homem sendo o Templo interior ou particular. Ora, o mundo, segundo sua teosofia, é triangular e o homem é ternário. A escolha desse utensílio específico evoca uma lembrança dessas teorias.

Essas obras, pois aí se trata exatamente de obras e não de trabalhos,[93] realizadas com a espada e a trolha, insistem no fenômeno de passagem e no papel intermediário do Grau. Mas se até esse dia o Maçom Retificado possuía com razão a espada, jamais ele se servia dela. Sempre lhe era estabelecido que ele só deveria utilizá-la para sua própria defesa, a de seus irmãos e a do Estado, portanto da maneira mais clássica e prática. Agora é o contrário, ele deve utilizá-la não apenas como instrumento de defesa, mas também como ferramenta de construção, devolvendo-lhe a plenitude de seu sentido simbólico, que o fragmento da instrução citada exprime. Ele se encontra assim, pelo menos virtualmente, modificado e transformado em suas capacidades. E é essa mudança que lhe permitirá, em certa medida, ter acesso ao Nome. Para descobrir o Nome, o futuro Mestre X vai dobrar o véu de acordo com um método definido que o levará a agir em cinco tempos, cada um desses tempos fazendo-lhe utilizar conjuntamente a trolha e a espada. Ora, 5 é o número do homem, o do ser, que faz com que ele se construa na via espiritual. Ele será permanentemente auxiliado nisso pelos dois Vigilantes, deixando claro que ele não poderia conseguir apenas com suas próprias forças e conhecimentos.

O Altar dos Perfumes

O véu envolve o centro do painel, e o Nome ainda está oculto, o novo Mestre X vai erguer de maneira análoga e com os mesmos utensílios o Altar dos Perfumes, para instalá-lo no centro. Esse altar jaz fora do painel, no ângulo sudeste, recoberto por um véu que ele precisará

---

93. Uma obra é criadora, um trabalho é uma execução e esse termo vem do latim *tripaliare*: causador da doença, do sofrimento; e do provençal *travar*: obstruir, atrapalhar (cf. *Littré*).

retirar. O sudeste é o local onde o sol se eleva no dia mais curto do ano, no dia de São João, no inverno. Levantá-lo a partir dessa posição de luz declinante, mas que vai renascer, para colocá-lo no centro, é fazer reviver a Esperança, afirmando que a Luz vai elevar-se e que a longa noite espiritual se dissipará.

Por que ter escolhido esse Altar em preferência a qualquer outro instrumento do culto presente no painel? A Mesa dos pães sagrados, o Altar dos holocaustos ou o candelabro de ouro tinham também uma função totalmente sagrada na época do primeiro e do segundo Templo. Essa escolha não tem nada de arbitrária, pois abrange além da luz como o teria feito o candelabro, o simbolismo do perfume, aqui o incenso e a mirra, e o da fumaça. Isso explica facilmente sua escolha no papel de passagem e de transformação implícito da cerimônia.

O perfume evoca tradicionalmente as noções de imortalidade e de purificação, pois provém da exalação de substâncias incorruptíveis. Ele era largamente empregado, desde a mais remota Antiguidade, em todas as cerimônias religiosas como oferenda de sacrifício, semelhante no plano simbólico à natureza da alma, para a presença espiritual. Sinal dos tempos, seu papel se amenizou e até mesmo muitas vezes desapareceu da liturgia católica romana de nossos dias, enquanto esse Rito figura sempre nas outras Igrejas cristãs. Recitava-se na época, durante o incensamento, o versículo 2 do Salmo 141: "Que minha oração seja acolhida por meio do perfume do incenso". O incenso cria, pela fumaça que se eleva de sua combustão, uma coluna vertical religando "o que está no alto" com "o que está embaixo", o terrestre com o celeste. "A fumaça sobe verticalmente para se tornar ar e sopro (o *Ruach* do Gênesis). No ápice dessa ascensão, o ar, *Ruach*, une-se ao Espírito Santo", o *Ruach haqadosh* que é o *Ruach Elohim*, e "O Espírito Santo é a respiração divina e o próprio perfume ao qual se une o perfume de baixo, formando assim um só Perfume".[94] Um antigo comentário tradicional do Cântico dos Cânticos[95] sobre o versículo 1,3 ("O aroma de teus perfumes é delicioso, teu nome é um óleo que se verte") explica que, da mesma forma que aquele que passa junto de uma perfumaria percebe as fragrâncias sem ver os perfumes, percebemos a presença divina graças ao aroma de sua santa Lei.

---

94. *Au coeur de l'Écriture*, Abade Nicolas Boon, cap. "O Rito eucarístico", Dervy.
95. *Chir 'Hadach, cf. Le Cantique des Cantiques*, na Bíblia comentada, p. 73, série Artscroll, ed. Colbo. Esse tema será retomado em diversos comentários medievais, aplicando ao Cristo.

O incenso e a mirra, os dois perfumes essenciais utilizados, encontram-se na lenda dos Reis Magos, em que o primeiro representa o poder sacerdotal e o segundo, o poder profético. Se associarmos aí o fato da presença de uma lâmina de ouro e do candelabro de ouro, metal emblemático do terceiro poder, o poder real, o erguimento do Altar dos Perfumes pela espada resume os três poderes, associando-os ao ofício pela trolha. Não se trata de adquiri-los, isso seria um desvio orgulhoso, mas de aproximá-los e reconhecê-los pelo que eles são na via perseguida por meio do ensinamento iniciático do Regime Retificado.

Porém, infelizmente, em quantas Lojas Verdes queima-se ainda incenso ou mirra no Altar dos Perfumes? Contentamo-nos com a chama viva emanando do que deveria ser, como diz expressamente o ritual, o espírito do vinho, mas que é mais frequentemente trocado por um banal álcool a queimar, esquecendo-se daquele, da palavra espírito e da rica simbologia do vinho, que remete ao segredo e ao conhecimento. Não é por menos que essa chama viva é importante por si mesma.

Ela emana no momento da descoberta do Nome, acesa pelos Vigilantes, que conservam toda a sua função de auxílio e de assistência àquele que busca. Essa chama não está lá para consumir, como em um sacrifício sobre esse altar, o que pode restar do entulho pegajoso que encobre aquele que, mais tarde na cerimônia, será convocado para renascer? Não estaria lá a queimar, para despojá-lo, de toda limitação individual e relativa, e está lá para tentar alcançar o universal, o que é próprio da busca iniciática? Podemos pensar que esse último símbolo, pela chama e pela fumaça ligeira que se eleva, é aquele do "soltar as rédeas".

O Nome

No Grau de Mestre somente duas letras, JA, estavam gravadas na lâmina de ouro. Doravante, figura aí um nome completo: Jeová. A descoberta desse nome, equivalente aqui à *Palavra Perdida*, é uma redescoberta ativa da Antiga Aliança. Pelo próprio fato de que lhe será solicitado pronunciar em voz alta essa palavra, ele a atualiza no mundo. Porém, isso é ainda apenas um memorial, e não uma invocação, pois para isso lhe seria necessário viver o Nome, e conhecê-lo em sua autenticidade por uma via não discursiva.

Não discutiremos essa vocalização Jeová, que a exegese, dita científica, afirma ser a mais provável; mas que é, tradicionalmente falando, necessariamente errônea por pelo menos três razões: por desvio linguístico, o *Yod* do Tetragrama é pronunciado J; depois, porque essa vocalização faz surgir um feminino em um nome de origem verbal;[96] e, enfim, porque a verdadeira vocalização que deixou de ser transmitida não pode ser encontrada por uma abordagem intelectual.

O nome divino *Yah* (*Yod-Hê*) é um nome conhecido por todos, pois é ele que é invocado por *Allelouyah* (louvais *Yah*). O *Zohar* o considera ao mesmo tempo como o grande Nome de Deus e como o Nome substituto depois do Nome por excelência, o Tetragrama, denominado Nome explícito, que foi tornado impronunciável, ou mais precisamente não pronunciável, e a nuança não é tênue. Ele o considera como formado seja pelas duas primeiras letras do Tetragrama, seja pela primeira e pela última. De acordo com a maneira que será encarada sua estrutura, as implicações serão diferentes. Reunindo a primeira e a última letra, ele constitui, se é que podemos dizer, a síntese que exprime ao mesmo tempo sua unidade absoluta, pelo *Yod* equivalente ao ponto, e sua manifestação, pelo último *Hê*.[97] Lido como sendo a primeira metade do Tetragrama, ele exprime o aspecto transcendente e puramente misericordioso e, portanto, acessível:

> *É o Nome de sua transcendência misericordiosa que, juntamente com certos Nomes de sua Imanência, tais como Eléhénou (Nosso Deus) e Adonaï (Meu Senhor), continua a manifestar sua graça no meio da desgraça: essa manifestação é fraca, indireta e demonstra ser até mesmo uma graça, conforme a real receptividade das gerações do "fim", que se tornaram incapazes de assimilar e, consequentemente, de suportar uma descida direta do Divino.*[98]

A segunda metade do Tetragrama (וה) será aquela da indicação de Deus dentro da criação e de seu aspecto imanente, e dessa forma perigoso para quem não é digno. Em outras palavras, a retirada da segunda parte significa de alguma forma a abolição do rigor ou sua suspensão, portanto, uma graça que permite a invocação do Nome sem incorrer o risco inerente às "imperfeições", as quais implicariam a atuação do rigor.

É necessário sabermos também que, por seu valor numérico 15, *Yah* remete a *Hod* (הוד), Majestade, a oitava *sephira*. Mais precisamente

---

96. O Tetragrama, *Yod-Hê-Vav-Hê* está oculto no verbo ser e só era pronunciado uma vez no ano pelo Grande Sacerdote, publicamente na época do primeiro Templo, sob o véu de instrumentos musicais durante o exílio; e mais abertamente, após a destruição do segundo Templo.
97. Sobre o tema de Yah: ver *L'Homme et l'Absolu selon la kabbale*, de Léo Schaya, cap. VIII, Dervy-Livres, 1977; e do mesmo autor, *La création en Dieu*, Dervy, 1983, p. 228 e segs. Ver também nosso livro: *Voie des lettres, Voie de sagesse*, cap. do *Yod*, Dervy.
98. Léo Schaya, *Naissance à l'Esprit*, p. 143, Dervy, 1987.

ainda, quando consideramos seu valor expandido, cada letra sendo escrita de forma direta, nos conduz a 26,[99] o valor do Tetragrama, demonstrando assim que é de fato uma de suas formas acessíveis, de acordo com uma de suas modalidades. É por isso que Moïse de Léon escreveu sobre isso: "é uma dilatação do Nome próprio e é o segredo do princípio da existência. Apesar de que o segredo de *Yah* é que ele é a metade do Nome, entretanto é a plenitude de tudo".[100]

Se o Mestre X encontra na lâmina de ouro uma vocalização específica da "Palavra Perdida", perdida na sequência das alterações sucessivas da natureza humana e da tradição, dispõe também apenas de um nome substituto, pois a hora não chegou. E, também, conhecer a Palavra não seria utilizá-la. Se ela permite "reunir o que está disperso", ou seja, reunir os componentes do ser para ir rumo ao Ser, seria apenas uma etapa. O *Zohar* nos diz, explicando claramente que além do Tetragrama está o *En-Soph*,[101] que seria necessário cruzar os três véus: o *En-Soph Aor*, ou véu da luz infinita; o *En Soph*, ou o sem fim; o *En*, o nada ou a plenitude do vazio.

O novo Mestre X encontrou a Palavra de Mestre e conhece de agora em diante uma vocalização, mesmo se é ainda, como dissemos, apenas uma forma substituta. Que seja. Mas isso pode ser apenas uma etapa; ele precisará aprender o que deve fazer, como deverá utilizá-la. Quando ele pronuncia esse Nome que descobriu, é de fato a "Palavra Perdida" que ressoa? Essa "Palavra Perdida" é verdadeiramente uma palavra, um Nome? Não seria, antes disso, um método de invocação que se reporta a uma reminiscência dos operativos? "Sem dúvida, a palavra perdida não é alusiva a um segredo conceitual, mas justamente a um método de realização".[102] Um método que permite um efetivo retorno ao centro; um método que pode, enfim, situá-lo verdadeiramente entre o esquadro e o compasso. De agora em diante, uma nova busca vai poder começar, provavelmente mais difícil, mais árdua e mais penosa que a precedente, porque ela não poderá mais apoiar-se no mundo dos símbolos, pois será puramente interior. E é talvez por isso que para muitos o caminho se interrompe efetivamente nesse Grau, mesmo se na aparência exterior das coisas ele vai além e se reveste, como uma simples vestimenta, dos Graus posteriores.

---

99. Yod = Yod Vav Daleth = 10 + 6 + 4 = 20, Hê = Hê Aleph = 5 + 1 = 6.
100. *Le sicle du sanctuaire*, p. 282, Verdier.
101. Termo propriamente intraduzível. Constituído pelas palavras nada e vazio, ele designa o Incognoscível.
102. *La Franc-Maçonnerie comme voie espirituelle*, J.-P. Schnetzler, p. 219, Dervy.

Terceiro Painel

O Terceiro Painel

O terceiro painel apresentado durante a cerimônia representa Hiram em pé, visto de costas, saindo de sua tumba e desprendendo-se de suas mortalhas. Voltado ao Oriente, ele se encontra posicionado de frente a uma intensa irradiação luminosa e protege seus olhos com a mão direita. De um lado e do outro da tumba, estão posicionados dois ramos verdes, um de oliveira e outro de carvalho. Em cada um dos ângulos do painel está inscrita uma das quatro virtudes cardeais comunicadas, uma após a outra, em cada um dos Graus, ao Maçom Retificado: Justiça, Temperança, Prudência e Força, a virtude particular desse quarto Grau. Abaixo do painel, na direção da cabeça, assim, ao alto da tumba, está representada uma coroa de imortalidade. Desse mesmo lado, em um triângulo, está inscrito em letras hebraicas o nome do Tetragrama, tornado impronunciável, *Yod-Hê-Vav-Hê* (יהוה), aquele que um pouco antes ele vocalizou: Jeová.

Diversos pontos representados ou sugeridos por esse painel merecem reflexão. Nós não falaremos aqui do Nome divino, que já foi amplamente abordado no capítulo anterior, assim como das cores estudadas em outra parte.

Jean-Baptiste Willermoz descreveu esse painel, dando-lhe seu sentido essencial, nas Instruções secretas aos Grandes Professos,[103] anteriores à versão definitiva do ritual. Ele dá a Hiram a função que é sua na lenda maçônica, e não a que lhe é atribuída na Bíblia. O conteúdo desse breve extrato das Instruções está na linha exata do que é desenvolvido no *Tratado da Reintegração*, de Martinez de Pasqually; assim é evidente que esse terceiro painel relaciona-se à teosofia mar-

---

103. No apêndice de *La Franc-Maçonnerie templière et occultisme aux XVIIIe et XIXe siècles*, p. 1048; René Le Forestier, publicada e comentada por Antoine Faivre, ver referência na bibliografia.

tinezista, objeto particular de estudos aos quais os Grandes Professos deviam dedicar-se durante suas reuniões:

> *Hiram* ressuscitou e, saindo gloriosamente de sua tumba, cercado pelas mesmas virtudes que ele tinha recebido do Criador e que deviam conduzi-lo à imortalidade, vos recorda o Homem Deus e Divino, do qual o Mestre Hiram é o emblema, o qual, por sua ressurreição gloriosa em um corpo incorruptível, que ele manifestava de acordo com sua vontade, fez conhecer aos seus verdadeiros discípulos o estado ao qual eles deviam aspirar. Comparai a história do Mestre Hiram, condutor e chefe de todos os obreiros do Templo, assassinado pelos Companheiros, com tudo o que foi ensinado sobre o agente universal divino, e vós encontrareis relações dignas de vossa atenção.*

A RESSURREIÇÃO

Desde a mais remota Antiguidade, a ressurreição é um tema fundamental da via iniciática e o R.E.R. não inova em nada colocando-o em evidência, mesmo se ele o faz por um caminho bem diferente dos outros autores de Ritos maçônicos. No entanto, para o que é do Grau de Mestre X, um observador exterior ao Regime Retificado tem o direito de colocar imediatamente uma questão. A cerimônia do terceiro Grau, que não é segredo para ninguém, sendo fundamentada sobre o tema do soerguimento do novo Mestre da tumba, o que à primeira vista assemelha-se a uma ressurreição; por que então, no quarto Grau, consagrar o terceiro painel e toda uma fase da cerimônia de recepção a esse mesmo fenômeno?

É necessário lembrarmos que "toda mudança de estado, qualquer que seja, é ao mesmo tempo uma morte e um nascimento, dependendo se a encaramos por um lado ou por outro: morte em relação a um estado antecedente, renascimento em relação ao estado consequente".[104] Ora, esse Grau sendo, pelo menos na teoria, o encerramento do caminho da Maçonaria Simbólica – portanto, uma conclusão – ("aqui cessa a via dos símbolos"), ele indica uma mudança de estado; uma vez que há, pelo menos na teoria, a abertura para outra coisa, totalmente de outra natureza.

---

*N.E.: Sugerimos a leitura de *O Livro de Hiram*, de Christopher Knight e Robert Lomas, Madras Editora

104. René Guénon, *Aperçus sur l'initiation*, Éditions Traditionnelles, p. 178.

No terceiro Grau, qualquer que seja o Rito, o novo Mestre levanta-se com vigor de sua tumba onde jazia, conforme a lendária narrativa do Mestre Hiram, assassinado no Templo em construção. Esse soerguimento é efetuado pelo Venerável Mestre assistido por seus dois Vigilantes, e é nesse exato momento da cerimônia que se efetua a transmissão. Nesse instante, o jovem Mestre fica, de alguma forma, passivo. Ele não age por ele mesmo, nós o levantamos, guiamo-lo e agimos por ele. É solicitado a ele simplesmente ficar em um estado de perfeita receptividade, de plena disponibilidade interior. Ocorre então a ressurreição, no sentido de que o "velho homem", aquele do qual fala São Paulo, supõe-se ter ficado no caixão. O discurso da recepção do quarto Grau, relatando para todo novo Mestre X sua elevação ao mestrado, define claramente: "estendido no caixão, mas conservando aí todos os princípios da vida, figurou-vos o homem vicioso e corrompido que parece eternamente morto para a virtude". A "corrupção" sendo a morte espiritual. É necessário também frisar que a ele é dito durante o soerguimento do terceiro Grau: "Ele receberá a vida do seio da morte" [...] "receberá" e não "recebe"[...] O uso voluntário do futuro era uma prefiguração do que deveria normalmente acontecer posteriormente no caminho iniciático.

Em contraste, nesse quarto Grau, Hiram se ergue sozinho da tumba nessa figura. Nenhuma ajuda exterior lhe é fornecida, e esse soerguimento, essa ressurreição, é a consequência direta da tomada de consciência daquilo que anteriormente se desenrolou durante a cerimônia de recepção, do efeito de sua vontade e da atuação da virtude da Força. O "ressuscitado" é, nesse painel, representado em pé no seu caixão, com a mão direita na posição do sinal de ordem do Grau, protegendo-o de uma luz bem viva, significando assim que ele não pode ainda suportá-la plenamente. O impetrante está então diante do Oriente, e seu olhar está direcionado ao Volume da Santa Lei; o paralelo com a Luz é óbvio. Na mesma visão, surge-lhe a estrela de seis pontas na forma de dois triângulos invertidos, e a *Meliora praesumo,* a máxima do Grau, indicando-lhe que ele ainda não alcançou o termo de sua caminhada. Há aí vontade pessoal ativa, e não mais passividade receptora. Se até hoje ele recebeu, deverá agora conquistar. Situamo-nos, desde então, acima da mera desapropriação do velho homem, o qual era, afinal de contas, um requisito essencial.

Nesse nível, o recipiendário não pode mais ignorar que ainda falta um caminho para percorrer, o qual lhe será indicado durante a última fase da cerimônia, que só uma nova etapa foi atravessada. Se ele realmente aprendeu a se conhecer, como lhe foi solicitado desde o Grau de Companheiro; caso ele esteja de fato no Grau de Mestre, distanciado dos laços materiais; se ele está verdadeiramente despojado de suas identificações ilusórias que fazem do ego a pessoa, começando a se abrir à realidade que essas mascaravam dele, então ele perceberá infinitamente mais além, como lhe diz a divisa do Grau. Ele perceberá infinitamente mais, pelo Volume da Santa Lei, que deveria, doravante, poder abrir-se para ele, e ler a si de outra maneira. Pouco tempo depois, o quarto painel lhe confirmará, indicará a via e o convidará indiretamente para romper os sete selos do Livro. Mas ainda aqui, como sempre, desde sua entrada na Loja, há o risco de o que lhe é transmitido permanecer virtual, caso ele não se envolva com todo o seu ser, e não apenas de uma maneira intelectual. Não está escrito: "Existem muitos que são chamados, mas poucos são escolhidos" (Mateus 22,14)?

Se o personagem do painel e do novo Mestre X são identificados um com o outro, devemos deduzir que o homem é capaz de erguer-se sozinho? Não, isso seria uma louca presunção, e pensar tal coisa bastaria para provar que alguma etapa não foi cruzada, a não ser que de uma maneira virtual, desde o dia da Iniciação de Aprendiz. Não, e uma frase do discurso de recepção enfatiza isso a ele rapidamente, mas cabe-lhe prestar atenção o suficiente: "o poderoso socorro do Mestre vem secundar seus esforços iniciais". (Outra instrução falará de um "poderoso condutor para arrancá-lo desta morada das trevas".) Quem é esse Mestre do poderoso socorro? Não se trata de forma alguma do Mestre da Loja Verde, nem mesmo de Hiram, uma vez que ele se confunde nesse instante com o Mestre X, e que, além disso, o discurso informa o que se desenrola na cerimônia do Grau precedente. E menos ainda, não poderia ser um daqueles que, no terceiro Grau, levantaram-no da tumba, pois eles são meros instrumentos, os vetores. Não, trata-se aqui, velado por essa expressão voluntariamente enigmática, da Emanação divina que só pode ser um "poderoso Mestre". Trata-se do "Divino reparador universal", para retomar a expressão martinezista.

De fato, trata-se de reanimar essa centelha divina mantida profundamente enterrada dentro do homem (Lucas 17,21: "o reino de Deus está dentro de vós"), essa centelha progressivamente coberta com cinzas da vida cotidiana mergulhada na materialidade e nas falsas identificações vaidosas. Essa centelha é, no homem, uma parcela da Glória do Senhor, o *Kavod Adonaï*, o sopro divino introduzido em Adão, em

Gênesis 2,7. Nós já havíamos dito, em parte, desde o primeiro Grau, no dia de sua recepção, pela máxima que lhe foi dada durante uma de suas viagens: "O homem é a imagem imortal de Deus, mas quem poderá reconhecê-la, se ele mesmo a desfigura?". É sempre assim nesse Rito, em que nada do que se diz ou se faz em um determinado Grau não tenha sido de maneira discreta anunciado previamente em um Grau anterior.

Na Escritura, a Glória de Deus é um modo de presença divina e isso tanto no Antigo quanto no Novo Testamento. O misticismo judaico e a Cabala a denominam *Shekinah*, a Presença. É a Luz, fonte de luz. Ela é representada repetidamente pelos emblemas do Rito: pelas radiações posicionadas ao redor do triângulo exposto no Oriente, nas decorações dos três Graus azuis; pela estrela flamejante do segundo Grau, que permanece presente no terceiro, e que já é representada no primeiro, no tapete da Loja; pelas seis chamas envolvendo o selo de Salomão, a estrela de seis pontas, na joia do quarto Grau; pela radiação circundando o Nome do Tetragrama no Oriente nesse mesmo Grau, etc. Além disso, não se pergunta ao maçom: "O que você busca?"; e ele não responde: "A luz"?; e ele não tinha sob os olhos durante muitos anos estas palavras do quinto versículo do Prólogo do Evangelho de João: "a luz resplandece nas trevas"?

Ora, nada indicava no terceiro Grau o "poderoso socorro do Mestre", enquanto tudo aqui lhe mostra. Nenhum ser humano ajudou Hiram a se levantar. Ele protege seus olhos, pois não se saberia ver a Glória divina sem morrer (*cf.* Êxodo). Ele retoma vida reintegrando-se ao Ser do qual estava dissociado por ter caído na dualidade; de agora em diante, ele está na via que deve permitir-lhe recuperar a unidade. Dessa forma, tende-se à realização dos "pequenos mistérios", aqueles que na via iniciática geralmente correspondem ao desenvolvimento de todas "as possibilidades da condição humana considerada em sua integralidade. Eles resultam, portanto, no que chamamos de perfeição desse estado, que quer dizer o que é tradicionalmente designado como a restauração do estado primordial".[105]

Nós temos mais uma vez aqui o papel de intermediários do Grau de Mestre X. Ele indica, pelo terceiro painel, o resultado de uma jornada e o ponto de partida de uma nova rota que conduz aos "grandes mistérios", os quais "se relacionam com a realização de estados sobre-humanos: tomando o ser no ponto em que ele deixou os pequenos mistérios, e que é o centro do campo da individualidade humana, eles o conduzem

---

105. Idem, p. 248. Ver apêndice sobre as noções dos pequenos e grandes mistérios.

para além desse domínio".¹⁰⁶ Obviamente, esses estados estão sempre condicionados. E ainda há muito para o estado incondicionado que o Oriente chama de "Libertação", o que no Cristianismo é a ressurreição do corpo glorioso e, em termos martinezistas, a Reintegração.

Quem foi o Mestre Hiram?

A essa pergunta feita na instrução de perguntas e respostas do terceiro Grau, responde-se de acordo com a mais pura tradição maçônica, "ele foi um hábil arquiteto e o mais célebre obreiro em todas as coisas". Aqui, o Deputado Mestre que dirige os trabalhos muda completamente de registro. Imediatamente após ter recordado e comentado o lado lendário e figurado da história até então apresentado, ele o designa como "o pai e o verdadeiro modelo dos maçons, e o tipo específico da Ordem Maçônica",¹⁰⁷ enfatizando também: "Mas o pai dos maçons vos é representado hoje ressuscitando, e representa a vós o terceiro estado da Ordem. Vós o vedes libertado de suas mortalhas funerárias, e saindo gloriosamente de sua tumba; vós o vedes despertado a uma nova vida, cercado pelas virtudes que ele praticou constantemente e que lhe asseguram a imortalidade, à qual também devem aspirar todos os seus filhos que saberão imitá-lo".

Essa resposta é uma radical mudança de plano com relação a tudo o que foi dito nos Graus azuis. Para ser compreendida, ela requer que observemos atentamente a Escritura e utilizemos as vias de esoterismo hebraico, o que faremos sumariamente, deixando o leitor tirar suas próprias conclusões e permitindo-o aprofundar-se, caso ele julgue oportuno.

A Escritura introduz Hiram em 1 Reis 7, 13-14. Ela o apresenta como o filho de uma viúva da tribo de Naftali, e está escrito: "Ele era pleno de sabedoria, de inteligência e de conhecimento para a fabricação de todas as obras em bronze".¹⁰⁸ Ela nunca fala dele como um arquiteto.

Várias coisas devem ser ditas sobre esse nome. Antes de tudo, Hiram, na Escritura, está escrito com um *Heith* (ח), e não com um *Hê*

---

106. Ver nota anterior.
107. O Ritual assemelha a vida do Mestre Hiram à evolução da Ordem nos tempos. Sua atividade é colocada em paralelo com a plenitude original da Ordem; sua morte, com a perda de substância correspondente às derivações, tais como a remoção do V.S.L. e da invocação ao Grande Arquiteto em certas Lojas e obediências, ou com a procura de poder e de vantagens por alguns maçons, sua ressurreição com a renovação da Ordem.
108. Nós fornecemos novamente aqui as qualificações utilizadas no texto hebraico, o sentido que lhe é dado no *Zohar* e na Cabala: *Hokmah*, Sabedoria; *Tevunâh*, Inteligência; e *Daa*t, Conhecimento.

(ה), proferida em francês por um H, sobre o qual falamos amplamente no capítulo da Joia. Mas os autores dos rituais maçônicos, geralmente fracos no hebraico, não distinguiam as duas letras e as confundiam, daí a vocalização Hiram, em vez de *Chiram* (*ch*, alemão rígido), o que nos levou no outro capítulo a considerar o *Hê* – H – para ficar coerente com o que eles pensavam. Só Martinez de Pasqually raras vezes menciona esse nome escrito como *Chiram.* Aliás, constatamos esse mesmo defeito de transcrição nas traduções da Bíblia, mas desta vez de forma voluntária, na dificuldade de poder realizar o som gutural de *Heith.*

Uma primeira observação deve ser feita sobre seu nome. Ele provém da raiz triliteral *Heith-Resh-Mem* e significa "consagrar, dedicar, iniciar", com todos os significados encontrando-se pertinentes ao seu nome. Dentro dessa raiz, para formar o nome Hiram, vem inserir-se um *Vav, a* sexta letra do alfabeto, que é ao mesmo tempo o que liga e o eixo do mundo.

Ela é gramaticalmente aquilo que, em hebraico, transforma o passado no futuro e o futuro em passado.[109] Então, essas mesmas três letras dão, pela *temura* ou permutação, um dos métodos tradicionais da cabala das letras, o termo *Rehem* de mesmo valor numérico, significando "a matriz, o útero, a fertilidade", mas também "amar e ter misericórdia". Desse termo deriva *Rahamim:* "Misericórdia, Compaixão". Ora, *Rahamim* é um dos nomes da sexta *sephira*, mais conhecida sob o nome de *Tiphereth,* a Beleza. Portanto, há certo nível de semelhança entre Hiram, autor de todos os ornamentos de bronze, e a Beleza, tomada em seu sentido mais elevado. De acordo com o *Zohar*, em *Tiphereth,* o Eterno "talha suas esculturas" em uma perfeita harmonia.

Além disso, os qualificativos que lhe são atribuídos: Sabedoria, Inteligência e Conhecimento são os atributos essenciais das três *sephiroth* do Mundo superior na estrutura sefirótica. Nessa estrutura, *Hokmah* (Sabedoria) é a segunda *sephira*, *Tevunâh* (Inteligência), e sendo *Binah* a terceira, todas as duas emanando diretamente de *Kether,* a Coroa, o conhecimento em si. Uma está localizada na coluna do Rigor e outra, na da Misericórdia; e *Kether* no eixo central, ou "Pilar do Equilíbrio". Todas as três reunidas constituem a triunidade suprema dos princípios essenciais e ontológicos: o Ser Supremo de Deus em sua manifestação. Quanto ao termo *Daat,* Conhecimento, pode representar duas coisas. Em primeiro lugar, é um dos nomes de *Tiphereth.* Em segundo lugar, é a *pseudossephira* proveniente de

---

109. Mais precisamente, o realizado no inacabado, e vice-versa; pois não existe futuro nem passado nas conjugações do hebraico.

Kether, não diretamente acessível e localizada na coluna do equilíbrio (ou a trave da balança) da Árvore das *sephiroth*. Em ambos os casos, representa o saber divino, a Onisciência do Eterno.

Diz-se que *Kether* é o Conhecimento divino em si; que *Hokmah*, também denominado "o Pai transcendente", é o princípio ativo determinante do Conhecimento; e *Binah,* também chamada de "a Mãe suprema e o Mundo por vir", o princípio receptivo desse Conhecimento. Assim, *Hokmah,* a sabedoria ontológica, é Ser puro, enquanto *Binah,* a inteligência ontocosmológica, determina os aspectos divinos específicos e os arquétipos. Esses arquétipos derramam-se na estrutura da Árvore sefirótica nas sete outras *sephiroth* ditas da "construção cósmica" e representam as Causas imediatas da criação.

Para retornar a *Tiphereth*, inclusa no nome de Hiram e também chamada "o Filho", ela é considerada como a síntese das outras seis *sephiroth* ativas da construção cosmológica. Ela é a mediadora de todos os arquétipos da criação. Por sua posição na Árvore, e quando ela é "ativada", ela gera *Malkuth*, a décima *sephira*, o Reino ou "Mãe Inferior", que é a *Shekinah* ou a Presença no Universo. É por *Tiphereth* que se realiza toda a "construção cósmica". Se Hiram nunca é chamado de arquiteto nas Escrituras, ele o é, portanto, por intermédio daquilo que seu nome é portador.

Última observação. A cada *sephira* é atribuído um Nome divino. Para *Hokmah* é conferido o Nome *Yah,* primeira metade do Tetragrama que exprime a transcendência divina, nome do qual falamos em outro lugar. Para *Binah* é atribuído o Tetragrama vocalizado como *Yehovi*, segundo as vogais de *Elohim*. Enfim, para *Tiphereth* é atribuído o Tetragrama em si mesmo, não vocalizado, e unindo os aspectos transcendentes e imanentes. Isso não explica a presença do triângulo com o Tetragrama à frente do túmulo no painel?

Podemos considerar como uma coincidência que 1 Reis 7,13 introduz Hiram com os termos de pai, mãe e filho, que estão evidentemente inclusos na estrutura esotérica de seu nome? No nível intermediário, onde se situa o Grau de Mestre X, não é normal abandonar o lado lendário para começar a compreender o profundo significado de Hiram?

As virtudes

As quatro virtudes cardeais são aqui novamente colocadas em evidência, e, como vimos, J.-B. Willermoz insiste sobre sua origem em sua breve instrução. E se é frequentemente insistido sobre sua aplicação em nossos rituais, é porque elas constituem uma parte indispensável do método de realização, quando são compreendidas em seu sentido pleno. Ora, como todo mundo sabe, a transmissão iniciática abrange necessariamente o ensino de um método. Esse método, aqui, tende primeiro à maestria e, em seguida, a transformar as paixões,[110] o que deve poder finalmente tornar-se efetivo pela aquisição da quarta virtude. A Força, associada à coragem, como se diz no ritual, é a última das virtudes temporais que o maçom deve adquirir para poder ir mais longe. Essa virtude já havia sido sugerida para ele há muito tempo, como muito frequentemente é o caso no R.E.R., durante sua passagem de Companheiro. De fato, foi-lhe dito durante a prova do espelho: "Se tu tens um verdadeiro desejo, com coragem e com inteligência, afasta este véu, e tu aprenderás a conhecer a ti mesmo". Ele recebeu, ao mesmo tempo, a ordem formal para exercer a virtude da Temperança, enquanto no dia de sua recepção ele tinha recebido a ordem para exercer a virtude da Justiça.

Essas quatro virtudes, apresentadas ao longo da via do Regime Retificado, além de seu sentido usual que nunca deve ser esquecido, subentendem realizações mais delicadas, situando-se na linha traçada pela Ordem aos Graus posteriores de Escudeiro Noviço e de C.B.C.S. A Justiça é o equilíbrio das forças atuantes e representa a organização. Seu exercício é o que deve permitir fazer "surgir a ordem sobre o caos", de modo que reine a harmonia, tanto no mundo exterior quanto em nós mesmos. Nesse sentido, ela é dinâmica e criativa. A Temperança vai bem além do sentido trivial próprio do vocabulário cotidiano, mesmo que ele a abranja. Ela também induz uma noção de equilíbrio; mas, sobretudo, aqui ela corresponde ao conhecimento e ao domínio do funcionamento mental. Com isso, ela permitirá o pleno exercício da virtude anterior. Quanto à Prudência, ela não é a retração covarde, mas a ação atenta colocando em ação as outras duas virtudes, permitindo-lhes atuarem em sua plenitude. Exercendo-se diante de si mesmo, ela permite tomar uma justa medida e não perder de vista o objetivo para o qual tende a iniciação, sem se deixar enganar por vãs aparências.

A Força da qual se trata aqui não tem nada a ver com a força física. Sua expressão como uma força moral, permitindo superar os ferimentos da vida, é apenas uma de suas facetas, embora ela seja fundamental para conservar o equilíbrio da Justiça e a ação da Temperança. Sem

---

110. No sentido que esse termo tinha no século XVIII: o que o homem sofre por natureza, o que lhe provém do exterior.

essa faceta, as paixões retomariam todo o seu vigor e eliminariam em poucos instantes os avanços anteriores. Mas ela comporta outro nível. Essa Força, apresentada sobre um transparente fundo vermelho, cor sobre a qual vimos os significados, é a força que deve domar a vontade para realizar o melhor de nós mesmos em uma vitória do espírito sobre a matéria. Ela é a virtude que um dia, se a graça for concedida, permitirá efetuar uma travessia.

Para entender melhor o que deve representar aqui a virtude da Força, em vez de longos discursos, é melhor nos remetermos ao que dizia São Bernardo,[111] o criador do regulamento do Templo, sobre o qual o R.E.R. se refere em suas diversas Instruções como sendo o herdeiro espiritual:

> *Admirai a harmoniosa união das virtudes [...] A Prudência é a mãe da Força: convém, de fato, atribuir à temeridade, e não à Força, toda resolução que não deu origem à Prudência. É a Prudência que, no meio dos prazeres e necessidades da vida, situando-se como um árbitro, estabelece de um lado e do outro as fronteiras com limites bem definidos [...] E assim, da união da Prudência e da Força, nasce uma terceira virtude, que denominamos Temperança [...]Quanto à Justiça [...] a alma se predispõe pela meditação; ela deve, de fato, recolher-se sobre si mesma para descobrir a dupla lei da Justiça que lhe impede de fazer a outrem aquilo que não gostaria que lhe fizesse, e de recusar para outrem o que ela não desejaria para ela mesma. Pois, além disso, a Justiça não é uma virtude solitária: ela está intimamente ligada à Temperança, assim como todas essas duas estão ligadas à Prudência e à Força [...] Como ter a Justiça ou a Temperança sem a Força, uma vez que só possui esta aquele que dominar a vontade [...]*

Se, para São Bernardo, a Força é a mãe das virtudes, e que, sem ela, elas não podem ser praticadas, por que ter esperado até o quarto Grau para pô-la em evidência? Talvez simplesmente porque, pelo que parece, a Força assim compreendida é mais difícil de adquirir. Pode- se exercer as outras virtudes por coação, e isso necessita um absoluto conhecimento de si, de sua realidade e de seus limites; ela exige ter compreendido

---

111. *De la Considération.* Livro I, cap. VIII, 9-10. *Œuvres de saint Bernard*, T I, p. 350, M.M. Davy, Aubier, 1945; e *Saint Bernard de Clairvaux, textes choisis*, por A. Béguin e P. Zumthor, p. 80, Egloff, Paris, 1947. Sobre o tema das virtudes em uma ordem cavalheiresca, ver Raymond Lulle (1232-1316), *Le Livre de l'Ordre de Chevalerie*, tradução do catalão por Patrick Gifreu, Les Voies du Sud-La Différence, 1991.

qual era o estado do homem e qual era seu estado potencial para poder exercê-la em sua plenitude. É necessário colocar em prática as consequências antes de remeter-se à origem. É também por isso que nesse Grau a Força é apresentada entre as patas de um leão brincando com os utensílios maçônicos, conforme vimos anteriormente. De acordo com essa via, há uma sagração total da existência.

O CARVALHO E A OLIVEIRA

A acácia, tão importante no terceiro Grau, aqui não é mais representada. Madeira imputrescível, ela evocava a imortalidade do princípio vital, ordenador e regulador do composto humano, situando-se no coração do homem. Ela foi substituída pela oliveira e pelo carvalho. Entretanto, a acácia por si só, símbolo prévio da eternidade e carregada de numerosos significados, poderia muito bem harmonizar-se com o terceiro painel. Assim, sua substituição não pode ser neutra, e convém compreendermos as razões.

Esses dois ramos verdes, portanto cheios de seiva, colocados ao pé do túmulo aberto, representam, por sua cor, a vida renovada e vêm associar sua marca à coroa clássica de imortalidade. É também um enfoque discreto feito sobre a ressurreição, porém lhe dando uma forma particular que tem o simbolismo próprio desses dois vegetais. Esses complementos também poderiam muito bem ser fornecidos por um ramo verde de acácia. A razão da substituição deve ser procurada nos significados emblemáticos particulares, associados a esses dois vegetais. De fato, o carvalho e a oliveira contribuirão para indicar o caminho e a finalidade.

Em todas as tradições, o vegetal é um símbolo de poder e de unidade fundamental da vida. Ele representa geralmente o conjunto das possibilidades latentes existentes no estado de germe. Elas se realizarão a partir da semente plantada na terra, símbolo do estado indiferenciado. Encontramos isso por diversas vezes no Evangelho com a parábola do semeador, que mostra a necessidade da morte para garantir a frutificação, com a da árvore, que nasce a partir de um minúsculo grão de mostarda, e cujos ramos acolherão os pássaros, normalmente tidos como emblemas do estado superior do ser, com o versículo "Se o grão não morre", de João 12, 24, etc.

Aqui não se representam as árvores, mas os galhos ou os ramos. Ora, os ramos agitados simbolizam a homenagem prestada ao vencedor e esse tipo de homenagem é feito também na liturgia cristã dos ramos, que celebram a entrada de Cristo em Jerusalém, poucos dias antes da Crucificação. A oração de bênção dita naquele dia é perfeitamente explícita, quanto ao profundo sentido que lhe é dado:

> *Abençoai, Senhor, estes ramos de palmeira ou de oliveira e dai ao Vosso povo a perfeita piedade, que alcançará nossas almas através dos gestos corporais pelos quais nós Vos honramos hoje. Concedei-nos a graça de vencer o inimigo e de amar ardentemente a obra de salvação, que consuma Vossa misericórdia.*

É necessário comentar, a fim de destacar, a perfeita similaridade com a via que traça o Regime Retificado àquele que terá a vontade de ir além desse quarto Grau? Basta acrescentar que, nos painéis mais antigos que podemos encontrar, o ramo de carvalho figura ao lado da coluna do Rigor; e o da oliveira, ao lado da coluna da Misericórdia; com Hiram no eixo central, a coluna do Equilíbrio. Mas mais do que esses dados bem gerais e muito bem conhecidos por todos, é a natureza dos vegetais utilizados no painel que deve importar aqui.

O RAMO DE CARVALHO

O carvalho, se é um símbolo da justiça distributiva, é um evidente símbolo da Força exercida de maneira calma e tranquila, o que o conecta, de alguma forma, com a Temperança. Isso torna completamente lógica sua utilização aqui. Sob sua aparência de ramo, ele é a força vitoriosa tal qual pode ser exercida. Além disso, o carvalho indica a duração, a solidez, o poder e a altura, tanto no sentido material quanto no moral e espiritual. Se ele relembra a virtude do Grau, intensifica-o insistindo sobre sua permanência necessária e vem adicionar-lhe um elo com a Sabedoria que o emblematiza pelo carvalho de justiça.

A parte não estando dissociada do todo, o ramo de carvalho não deve fazer esquecer que no simbolismo do vegetal, de todas as árvores, o carvalho é o símbolo axial por excelência, um símbolo fundamental sobre o qual não podemos estender-nos aqui.[112] Como eixo do mundo, ele assegura a ligação entre a Terra e o Céu.

Ele mergulha suas raízes no seio da mãe terra, no universo indiferenciado. É nesse universo que se diz ao Aprendiz, durante sua recepção no R.E.R.: "Confuso, ainda há pouco no meio da multidão

---
112. Sobre este tema, ver René Guénon, *Le Roi du Monde* e *Symboles fondamentaux de la Science sacrée*, N.R.F., Gallimard.

dos mortais que vegetam na superfície da terra, você vem a ser separado destes. A partir de hoje, você forma conosco uma classe distinta de seres, de homens dedicados, pelo gosto e pelo dever, ao exercício das virtudes e ao estudo dos conhecimentos que nos conduzem aqui". Como tudo indica, já era assim desde o primeiro dia.

Seu germe se desenvolve em um caule, cuja magnitude se tornará majestosa; ela penetra o domínio da vida, instilando suas próprias características. Além de seu papel conhecido na tradição celta, é necessário lembrarmos que ele tinha, até mesmo na Antiguidade, valor de templo. Ulisses, por duas vezes durante seu retorno, consulta a folhagem divina do grande carvalho de Zeus, e o velocino de ouro, protegido por um dragão, o guardião das "portas", estava suspenso nos galhos de um carvalho. Ora, o Templo, como um símbolo, mas também como uma realidade, está no cerne desse Grau e de todas as questões anteriores à aceitação de uma candidatura para ingresso na Loja Verde e, posteriormente, na Ordem Interior, portando a compreensão da função do Templo e de sua natureza espiritual.

Desenvolvido e tornado adulto, sua copa penetra o azul dos céus. A Terra e o Céu são, então, efetivamente ligados e a comunicação pode estabelecer-se. Assim, no Antigo Testamento, por duas vezes Abraão, o Pai das três religiões do Livro, recebeu as revelações do Eterno sob a ramagem de um carvalho. A primeira vez (Gênesis 12,6) no carvalho de Moré, um nome de lugar que em hebraico significa "aquele que ensina", e lá Abraão elevou um altar ao Eterno. A segunda vez (Gênesis 18,1) junto ao carvalho de Manré, cujo nome se reporta ao vocábulo "Palavra", e é aí que ele anunciou o nascimento em torno de um ano depois de Isaque. E é debaixo de uma árvore também que Josué (24,26) ergue a pedra do testemunho, em que é inscrito o compromisso de "servir ao Eterno na perfeição com toda a sinceridade" (24,14). Ainda aqui, poderíamos dar muitos mais exemplos dentro do sentido da vocação do Grau de Mestre X e do que deve suceder-se.

O RAMO DE OLIVEIRA

Todo mundo conhece a oliveira como emblema da paz, emblema que tem sua origem na história do dilúvio e de Noé. Mas seu simbolismo é muito mais rico.[113]

---

113. Sobre este tema, ver *L'Olivier symbolique*, Francis Laget, Arcades, 1991 (Association Arcades, Buis-les-Baronnies).

Consagrada a Atena, ela adquiriu uma parte dos valores simbólicos atribuídos à deusa. Uma delas, a Vitória, por si só bastaria para justificar a presença da oliveira aqui. Hiram ressuscita pela impregnação e exercício das quatro virtudes cardeais, dentre as quais a Força, e daí vence a morte, a morte espiritual. A oliveira é também, pelo uso bíblico de seu óleo, um símbolo de purificação, que é uma condição prévia para qualquer cerimônia de passagem.[114] Há uma interpretação simbólica, mais ampla no Islã do que nas outras duas religiões do Livro, apesar de que ela esteja presente lá. Ela faz da oliveira uma árvore abençoada identificada com Abraão por sua hospitalidade e, somado à grande longevidade dessa árvore, prevê a manutenção até a Ressurreição.

Tal como acontece com o ramo de carvalho, encontramos Abrão, o "Pai elevado" tornado Abraão, "o pai de uma multidão". Ora, é necessário não esquecermos que Abraão, com seu nome original de Abrão, foi abençoado por Melquisedeque (Gênesis 14): "Sem pai, sem mãe, sem geração" (Hebreus 7,1), o rei de Salém (Paz), o qual a tradição o faz depositário do sacerdócio e dos segredos iniciáticos confiados aos seus cuidados.[115] E esse mesmo Melquisedeque, dispensador e guardião da Tradição, nós o encontramos indiretamente aqui por meio do carvalho, símbolo da justiça, junto à oliveira, como símbolo da paz; pois Justiça e Paz são os dois atributos de Melquisedeque, cujo nome significa literalmente "rei de justiça"; e ele escreveu: "Tu és sacerdote, segundo a ordem de Melquisedeque" (Salmo 110,4).

Mais interessante ainda para nós aqui, de acordo com 1 Reis 6,23, é a madeira de oliveira coberta de ouro, da qual são feitos os dois querubins colocados em cima da Arca. É entre eles que se manifesta a *Shekinah*, a Presença. Esse mesmo livro dos Reis indica que as portas do Santo dos Santos, o *Debir*, também eram feitas dessa madeira e, portanto, está associada à noção de passagem. Além disso, encontramos essa ideia no imaginário dos homens por uma lenda que fornece a cruz de Cristo como feita de oliveira e cedro (a madeira utilizada principalmente no Templo). É essa presença no Templo e esta lenda que levarão Ângelo Silésio a escrever: "Se eu posso ver sua porta de madeira de oliveira dourada, eu te chamarei

---

114. Ver nota anterior.
115. *Melchisédech ou la tradition primordiale*, Jean Tourniac, Albin Michel.

instantaneamente de templo de Deus". Essa presença da oliveira no coração do templo coloca o soerguimento de Hiram nas portas da parte mais sagrada do santuário e enfatiza mais uma vez, por essa imagem das portas, a noção de passagem iniciática.

O ramo de oliveira afirma, portanto, que o terceiro painel é uma sequência efetiva dos dois precedentes, embora o Templo não o simbolize mais de uma forma explícita. E essa ausência é normal, pois conduzirá ao novo Templo do quarto painel. O Santo dos Santos sugerido só é acessível ao sacerdócio, e a alusão feita aqui indica bem a via e sua meta final.[116] J.-B. Willermoz escreveu nas Instruções aos grandes Professos: "[...] o Erro do homem primitivo precipita-o do Santuário ao Pórtico, e que o único propósito da Iniciação é o de fazê-lo voltar do Pórtico ao Santuário". Isso tudo está tão claro quanto evidente, que está escrito (Zacarias 4,14) que os dois ramos de oliveira que o anjo mostra ao profeta "são os dois ungidos que se sustentam diante do Senhor de toda a terra". Um representa o poder sacerdotal e o outro, o poder real. Só há um ramo, só um "poder" no caminho, como já o expressava o ato de soerguimento do altar dos perfumes, retornando aos poderes espirituais e somente a eles.

A oliveira não pode deixar de chamar a atenção para o Monte das Oliveiras, o local privilegiado do recolhimento em si mesmo, o local da "passagem" de um estado de ser a outro, da abertura da transcendência. E o Monte das Oliveiras, se crermos em São Lucas, é um lugar de meditação, um lugar onde a Luz é completamente rodeada pelas trevas (João 1,5), até quando ela irradia no Templo renovado. Finalmente, a oliveira, à medida que evoca diretamente o óleo da unção, remete imediatamente a Cristo, o Messias, pois todos sabem que tanto o termo grego quanto o hebraico significam "o Ungido do Senhor".

Essas últimas observações abrem o caminho para o quarto painel do Grau, em que o ramo de oliveira, localizado na cabeceira do túmulo, afirma a substância antes que seja revelada. Aquele que segue a via traçada aplicará em si o versículo de Oseias (14,4), "Ele terá a magnificência da oliveira", pois assim como Israel, do qual o profeta fala, voltará à graça – "a Reconciliação martinezista" –, e terá efetuado, ou estará no caminho de realizar, sua verdadeira conversão.

---

116. Ver o que foi dito do Mar de Bronze no capítulo concernente ao primeiro painel.

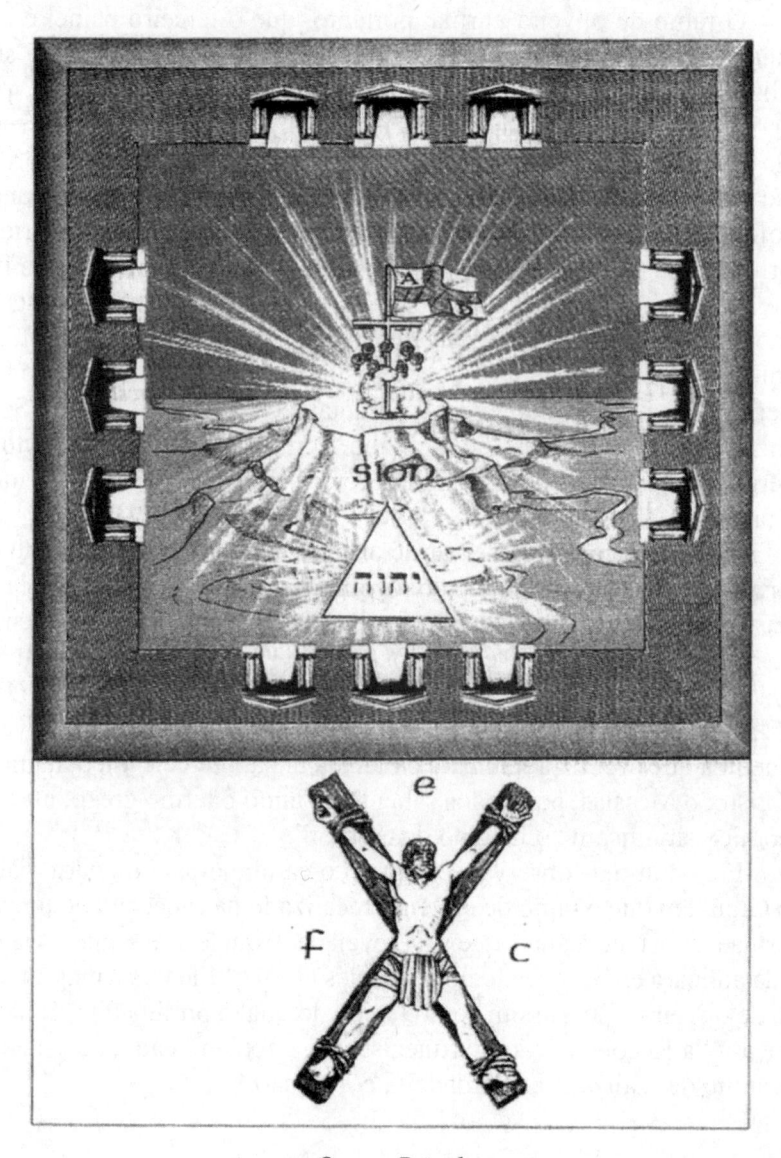

Quarto Painel

O Quarto Painel

Aqui, o sistema simbólico, até então em uso, começa realmente a desaparecer, dando lugar a outra forma de linguagem mais direta, embora em parte continue obrigando a perceber as coisas por uma via analógica e por imagens. Não pode ser de outra maneira, pois se as palavras permitem manipular facilmente os conceitos, por si sós, independentemente do seu poder evocativo, elas são insuficientes para expressar a natureza e a realidade da transmissão espiritual. É isso que expressou Henry Virieu durante o Convento de Wilhelmsbad, em 1782, em uma breve memória que ele apresentou: "De fato, não é nas discussões acadêmicas nem gramaticais que devemos buscar a solução que queremos. É no fundo do coração que deve existir a imagem que convém manifestar-se. Ele só deve julgar se o painel está conforme o modelo". O que vai ser apresentado agora não demandará mais somente uma adesão de fato, mas uma total disponibilidade e uma receptividade às quais deverá unir-se um engajamento. É bem necessário, em certo momento, passar das especulações à prática meditativa transformadora.

Daqui em diante, para as purificações e os despojamentos sucessivos, pela "morte do velho homem", por meio da meditação e da interiorização, o maçom que chegou a esse estágio de sua caminhada iniciática deve ser capaz de ver e perceber diferentemente. O quarto painel será, portanto, um balanço, tanto pelos meios que ele propõe como pela finalidade que ele vai apresentar de maneira explícita. Não é abusivo considerar que ele se situa no final dos "pequenos mistérios". Esses que, como os define René Guénon,[117] permitem desenvolver e realizar todas "as possibilidades da condição humana considerada em sua integralidade; eles resultam, portanto, no que chamamos na perfeição desse estado, ou seja, no que é tradicionalmente designado como a restauração do es-

---

117. *Aperçus sur l'Initiation*, p. 248, Éditions Traditionnelles, 1983.

tado primordial". Ele acrescenta, com justa razão, que eles "são apenas uma preparação aos grandes mistérios, uma vez que seu próprio termo é também apenas uma etapa na via iniciática". Trata-se exatamente aqui do final dos "pequenos mistérios" e não de um ponto qualquer além do seu ciclo, pois depois deles, e na condição expressa de que sua realização seja passada da virtualidade à realidade, uma transformação mais longa, mais difícil, mas também mais improvável, deve ainda se desenvolver.

O PAINEL

Esse painel é dividido em duas partes distintas. Ele representa, na sua metade superior, a Nova Jerusalém com sua muralha formando um quadrado e tendo três grandes portas de cada lado. No centro da muralha, eleva-se o Monte Sion, cujo ápice é ocupado pelo triunfante Cordeiro, coroado com sete selos e rodeado por uma glória radiante. ("Eu olhei, e eis que o Cordeiro estava sobre o Monte Sion" Apocalipse 14,1). Das pernas do Cordeiro, eleva-se uma enorme cruz, em cujo elevado porte, tal como um mastro, em um estandarte branco e vermelho estendido, estão inscritas as duas letras A D, iniciais de *Agnus Dei* [Cordeiro de Deus]. Nos textos originais, nenhum outro detalhe além desse das cores é fornecido quanto a esse estandarte. O costume, que parece muito óbvio aqui, quer que nós o representemos com uma cruz vermelha em um fundo branco. Na encosta da montanha, em seu centro, está um triângulo flamejante com as quatro letras hebraicas do Nome [do] Tetragrama.

Antes de qualquer coisa, é necessário notarmos que a cruz representada não é a Cruz da Crucificação (cruz de dor e de morte), mas é, pela sua localização no coração da Jerusalém Celeste e do estandarte que ela porta, a cruz da ressurreição (cruz de vida e de beatitude), de acordo com o mais antigo simbolismo cristão. As cores branca e vermelha do estandarte recordam visualmente a pureza, a força triunfante, o fogo do Espírito e do Amor divino. A estreita associação do Antigo e do Novo Testamento é indicada pela representação simultânea do Tetragrama impronunciável e do *Agnus Dei*.

Na sua metade inferior, claramente separada da anterior, o painel porta uma representação de Santo André amarrado em uma cruz em X. Ela comporta, em três dos seus ângulos, as letras E, F, C – iniciais de Esperança, Fé e Caridade, as três virtudes teologais que vêm assim associar-se pela primeira vez de maneira explícita às quatro virtudes cardeais do painel anterior. As sete virtudes são assim, indiretamente, colocadas em correspondência com os sete selos que coroam o Cordeiro. Elas são, então, muito mais do que uma mera prescrição moral; a analogia apresentada indica que sua posse real deve levar a romper esses sete selos. Mas, nesse painel, os selos ainda estão intactos... isso não seria uma retomada do *Meliora praesumo*?

Uma primeira observação: pela presença da Nova Jerusalém, tardia e impropriamente chamada de Jerusalém Celeste, pela representação do Cordeiro triunfante, estabelece uma relação imediata com o Apocalipse de São João. É a partir dela que evidentemente são tiradas essas representações. Além disso, se quisermos compreender esse painel, e o que faz pressagiar a futura caminhada do Maçom Retificado, é necessário considerar qualquer ambiguidade quanto ao termo do Apocalipse, cujo significado se desviou muito ao longo do tempo. A atenuação da linguagem, fato que é usado hoje em dia em todas as oportunidades para tornar uma simples ideia, uma ideia de catástrofe final, ou até mesmo ver simplesmente um evento dramático, fora do comum.

Apocalipse vem do grego *apokalypsis*, que significa "revelação, visão, descoberta". É estritamente equivalente ao verbo hebraico *galâh* (נלה), cujo significado entre outros é: "Descobrir, manifestar, desvendar, revelar os segredos, expor". Esse termo não significa, portanto, catástrofe final, mas descoberta e revelação. Um livro de Apocalipse[118] repousa em uma tripla afirmação: há uma verdade oculta; essa verdade é revelada por Deus ao seu mensageiro; a revelação é feita por meio de visões e trata do plano de Deus para o fim dos tempos históricos. Ora, se o tempo é a medida das coisas, o fim dos tempos é sua plena medida, e "a consumação dos tempos" é a realização das coisas.[119] Situamo-nos, portanto, em um processo de natureza externa e transcendente, e não mais de essência interna e temporal. E esse último ponto é particularmente importante em uma via iniciática. Isso significa que uma das principais dimensões dos apocalipses está no domínio do mundo espiritual e não do mundo material, o que é particularmente verdadeiro para o Apocalipse de João que deve ser lido em vários níveis. Esses são os dois domínios que encontramos no misticismo judaico, os quais são resultantes dos apocalipses, sob as expressões de "o mundo daqui" *(olam hazeh)*, ao domínio das profecias e "o mundo de lá" *(olam haba)* àquele dos apocalipses.

---

118. Exemplos de apocalipse: *O Livro de Enoque, O Livro dos Jubileus, A Assunção de Maria, O Testamento dos doze patriarcas, O Apocalipse de Baruch*, etc.
119. *La Consommation des temps selon Jacob Boëhme*, P. Deghaye, Cahiers de l'Université de Saint-Jean-de-Jérusalem, nº 9.

Há, quando nos referimos pelo discurso ou pela imagem do Apocalipse, um além da história que engloba os vivos e os mortos. Ele nos coloca diante de uma visão transcendente necessariamente escatológica, completamente afastada da materialidade e da temporalidade. Nós abordamos aí um dos fundamentos místicos do R.E.R., com a condição expressa de compreender que se trata de um fim dos tempos aqui e agora, *hic* e *nunc*, no ser e não no mundo, pelo convite urgente para deixar a história da queda à hiero-história, totalmente atualizável, da Redenção.

A referência a João Evangelista, um dos dois patronos da Franco-Maçonaria, é mais do que lógica aqui, uma vez que João refere-se ao terceiro nascimento, o nascimento pelo fogo e pelo Espírito, segundo as palavras do Batista – segundo patrono da Franco-Maçonaria – (Lucas 3,16-17), e que o painel anterior centrava-se na ressurreição. Essa referência só faz especificar a natureza. Mas, o que é ainda mais importante, é a representação do clímax do Apocalipse que dá todo o seu sentido nessa última parte da cerimônia. Não há, de fato, nada de evidente nisso, em um ritual que se declara e se afirma desde a primeira palavra do ritual do Grau de Aprendiz como cristão, que figure o *Agnus Dei*. Nós não nos encarregaremos da Jerusalém Celeste; existem dezenas de livros que falam sobre isso, examinando cada uma das palavras dos escritos vetero e neotestamentários, e analisando em detalhes o capítulo 21 do texto atribuído a João. O que é particularmente importante nesse Grau de Mestre X, o que recordamos mais uma vez, é uma verdadeira intermediação entre a Maçonaria Simbólica e a Ordem Interior do Regime, é o destaque pelo painel do primeiro versículo do capítulo 21: "Então, vi um novo céu e uma nova terra: pois o primeiro céu e a primeira terra haviam desaparecido", não mais no futuro, como em Isaías 65,17,[120] mas em um presente duradouro. Essa é a explicação final dessa divisa do Grau exposta no Oriente, e que o recipiendário tem diante dos olhos, desde o momento da sua entrada na Loja Verde.

No painel não é representada nenhuma outra forma geométrica além do quadrado da muralha da Nova Jerusalém. A montanha é representada de uma maneira tal que ela não possui nenhuma forma específica assemelhável a uma figura geométrica definida. Isso é intencional.

---

120. "Pois Eu vou criar novos céus e uma nova terra", Isaías 65,17, é a fonte manifesta de João 21,1, mas existe uma diferença notável: Isaías situa-se em um futuro temporal sem referência ao Messias, enquanto João situa sua narrativa durante a parúsia a que faz implicitamente referência. Isso o que ele exprime está mais próximo daquilo que encontraremos no *Tratado da Reintegração*.

Na visão escatológica do Apocalipse, não se trata da muralha circular de um novo Éden, mas, como afirma claramente René Guénon:[121] "A reconstrução deve ocorrer no final do ciclo; e assim, na figura da Jerusalém Celeste, o círculo é substituído por um quadrado e isso indica a realização daquilo que os hermetistas designam como a quadratura do círculo". O círculo, e por extensão "a esfera, que representa o desenvolvimento das possibilidades pela expansão do ponto primordial e central, transforma-se em um cubo quando o desenvolvimento está concluído e o equilíbrio final é alcançado ao ciclo considerado". Todavia, se René Guénon, como sempre, faz intervir a noção de ciclos, essa ideia está totalmente ausente da "doutrina" do R.E.R.

Essa única figura geométrica, no seu contexto particular, deixa bem claro o que dissemos no início deste capítulo sobre a conclusão dos pequenos mistérios. Ele indica simbolicamente "a ideia de conclusão e perfeição, ou seja, a realização da plenitude das possibilidades envolvidas em certo estado.[122] Mas isso somente é apresentado, e não será exposto em um discurso, pois ainda não chegou o momento. Isso significa claramente que, se a via é apresentada, e se alusivamente é dito àquele que contempla o quadro que outros elementos do método estão suscetíveis de lhe serem fornecidos mais tarde, isso é tudo para ele neste instante, ainda no estado de virtualidade, pois ele pode só ter uma compreensão intelectual. Ora, tal compreensão, se não for acompanhada por um trabalho absolutamente pessoal, muitas vezes penoso, que leva a uma vivência, permanece propriamente uma palavra morta. Estes são os "sepulcros caiados" de Mateus 23,27. E o ritual define claramente que esse trabalho abrange todos os momentos de atividade, uma vez que a Loja abre seus trabalhos "ao amanhecer" e fecha-os "ao fim do dia". Mas o repouso que vai ser tomado entre esses dois termos deverá ser tal como corresponde ao Salmo 4,5, "ao deitar medite, mas silêncio!", e no Cântico dos Cânticos (5,2), "Eu durmo, mas meu coração vela", que ressoa no Apocalipse, em seu discurso ao Anjo da Igreja de Sardes: "Sê vigilante [...] se tu não vigiares, eu virei como um ladrão e não saberás a que hora virei surpreender-te".

Do início ao fim da cerimônia de recepção, terá havido uma contínua gradação que corresponde, àquele que quer verdadeiramente perceber, a um método iniciático apropriado à especificidade do R.E.R. Nós passa-

---

121. *Le Roi du Monde*, p. 93, N.R.F., Gallimard.
122. Idem, p. 94.

mos do Templo destruído ao Templo reconstruído. Esse trabalho envolvia a aplicação da trolha e da espada. Em seguida, o Templo começou a desaparecer por meio da Ressurreição de Hiram motivado pelo uso das quatro virtudes cardeais, as quais deverão associar-se às virtudes teologais. Por fim, irradia, em uma superação das formas, a representação da Nova Jerusalém, onde não se trata mais de um Templo, uma vez que "o Eterno é o Templo e o Cordeiro, a luminária" (Apocalipse 21,22-23).

O esoterismo, apoiando-se no exoterismo, coloca-nos diante do tema essencial da presença de Deus dentre os homens. E sua compreensão, por meio de uma tomada de consciência, é uma meta da via iniciática. Essa finalidade não é específica ao Regime Retificado, embora seja mais particularmente enfatizada do que em outros Ritos. Já era o caso desde as antigas iniciações em mundos gregos e egípcios. Ela é exposta nas entrelinhas da Regra Maçônica, redigida no Convento geral da Ordem, em 1782, e entregue ao novo Aprendiz.[123] O objetivo final consiste na participação do homem reintegrado na natureza divina. O que, a propósito, indica a futilidade de qualquer caminho dito iniciático fundamentando-se, como infelizmente se tornou o caso em alguns lugares, no Racionalismo e no Agnosticismo, e até mesmo no Ateísmo radical.[124]

Santo André

Quando esse Ritual foi finalizado, Santo André não era um recém-chegado no discurso maçônico e Willermoz o conhecia, já que um Grau praticado em Lyon invocava seu patrocínio, em 1761: o "Cavaleiro da Águia, do Pelicano, Cavaleiro de Santo André ou Maçom de Heredom", isto é, a Rosa-Cruz.* No entanto, ele havia omitido o apóstolo na reforma de Lyon e não o introduziu até mais tarde. Isso foi um descuido ou uma intenção deliberada? É impossível ter certeza.

Quando ele foi novamente confrontado com o personagem, na linha sueca dessa vez, Willermoz decidiu adotá-lo. Mas é necessário sabermos que, no ritual sueco que Willermoz trouxe de Wilhelmsbad, Santo André não tem, absolutamente, o papel que lhe é investido no

---

123. Texto original completo em *Principes et problèmes spirituels du Rite Écossais Rectifié*, p. 273 e segs., *op. cit.*
124. Cremos aqui que as Lojas suprimiram a presença do V.S.L. e rejeitaram toda referência ao G.A.D.L.U., conforme as diversas declarações públicas do antigo Grande Mestre do Grande Oriente, Jacques Mitterrand.
* N.E.: Sugerimos a leitura de *A História da Rosa-Cruz – Os Invisíveis*, de Tobias Churton, Madras Editora.

R.E.R.: lá ele aparece como o patrono da Escócia, o reino que acolheu, segundo a lenda maçônica, os Templários banidos. Willermoz, quando escreveu a versão final do Mestre Escocês de Santo André, deu-lhe outra dimensão, como veremos, conservando a plena referência à Escócia em várias passagens dos discursos pronunciados. A instrução final do ritual de 1809 não deixa nenhuma dúvida sobre esse assunto. O ritual que nós usamos[125] explica a presença de Santo André na instrução de perguntas e respostas do Grau:

Pergunta: Por que Santo André é representado no painel?
Resposta: Porque, sendo então discípulo de São João Batista, profeta da Antiga Lei que anunciou a Nova, ele deixou seu primeiro Mestre para doravante seguir Jesus Cristo, e assim representa a passagem da *Antiga Lei* à *Nova Lei. É por isso que os Mestres Escoceses o adotaram para ser seu patrono particular.*

Poucas coisas concernentes a esse painel serão explicadas ao recipiendário, considerando que ele deverá refletir longamente sobre isso, única forma de torná-lo produtivo. O Deputado Mestre lhe dirá: "Eu vos deixo aqui, meu querido Irmão, com vossas próprias reflexões".

O Cristianismo Primitivo (por alto, os dois primeiros séculos) considerava que havia uma continuidade absoluta entre as duas leis. Cristo não disse "O mundo passará antes que um só *iota* de Lei seja abolido"? A partir do segundo século aproximadamente, o Antigo Testamento começou a ser lido e comentado, como contendo os aspectos do Novo Testamento.[126] Isso particularmente se desenvolveu desde o início da alta Idade Média. Essa leitura foi conduzida para o século VI, e ainda mais fortemente ao período escolástico, estimando-se que vários pontos do *corpus* veterotestamentário haviam sido feitos e que não tinha, portanto, mais que ser levado em conta. Inseriu-se lá também uma plena continuidade, mas de uma maneira bem diferente da que nós consideramos no R.E.R.

Santo André sempre foi, mesmo fora da Franco-Maçonaria, considerado o elo entre a Antiga Lei e a Nova Lei. Assim, é completamente normal que tenha sido retomado de maneira emblemática no século XVIII em nossos rituais.

Conviria acrescentar também que o nome André provém diretamente do grego "Homem". *La Légende dorée*[127] diz que ele é "bonito,

---
125. Biblioteca da Cidade de Lyon, Coletânea Willermoz.
126. Sobre este ponto existe uma volumosa literatura de qualidade: Daniélou, Marou, Blanchetière e L' *Histoire des conciles*.
127. J. de Voragine, *La Légende dorée*, Garnier-Flammarion.

viril" e "homem convertido para o alto, elevado para seu criador". Sua encenação aqui, caso possamos usar tal expressão, permite que qualifiquemos o que deve ser o homem verdadeiro. Encontramos ainda muitas coisas em *A Légende dorée*, na qual uma afirmação não aparece nos evangelhos; mas as lendas veiculam a tradição oral, e devemos atentar para ela. Ela afirma que André foi chamado três vezes por Cristo. Isso indica, além de uma referência velada ao Triplo Poder do Nome, o fato de que é necessário ao homem, qualquer que seja seu nível, um tempo de latência para aceitar a verdade. Este ternário não está sem relação com o ritmo das baterias dos diferentes Graus azuis.

É necessário dizermos algumas palavras da cruz dita de Santo André, que está longe de ser tão antiga quanto se crê geralmente, e sua origem histórica é interessante, pois permite perceber a influência do lendário. Em uma tese de doutorado, em 2001, *Culte et iconographie de saint André en France (V^e – XVe siècle)*, a senhora Charlotte Denoël escreveu:

> *A forma da cruz de Santo André, em X, foi há muito tempo objeto de especulações históricas e artísticas e suscitou numerosas controvérsias das quais participaram os historiadores da arte. Discorrendo sobre a origem do padrão em X na arte francesa, alguns o viam como uma árvore bifurcada no tronco, outros como um símbolo do chi - rhô* [crisma]. *Quanto à data de surgimento desse padrão, é igualmente controverso. Uma iluminura do Tropaire d´Autun, do primeiro quarto do século XI, constituiria para alguns a primeira representação de Santo André crucificado em uma cruz em X, enquanto para outros tratava-se de uma escultura de Santo-André-de-Bâgé (Ain), do século XII, ou de uma iluminura na La Légende dorée, por volta de 1300. Em contraste, a maioria dos autores concorda sobre a época na qual o padrão tomou sua forma definitiva, entre o fim do século XIV e o século XV.*

> *Na Idade Média, os artistas parecem ter tido a escolha entre cruzes de formas muito diferentes para representar o instrumento do martírio de Santo André. Seu atributo definitivo, a cruz em forma de X, apareceu tardiamente na arte ocidental, durante o século XII, como testemunha uma escultura proveniente das fontes batismais da igreja de Cottan, na Grã-Bretanha. Ela se multiplica em seguida no século XIII, antes de se generalizar no fim da Idade Média, suplantando, assim, as outras formas de cruz.*

Por outro lado, a lenda propagada por J. de Voragine, e que todos conheciam na época da redação de nossos rituais, almeja que a cruz em X tenha sido atribuída a Santo André sob seu pedido feito por motivo de humildade. Essa simples observação permite, a propósito, lembrarmos que não existe conhecimento verdadeiro sem humildade. A linguagem dos pássaros sempre foi um veículo privilegiado da transmissão oral; não é inútil dizer que essa cruz particular é apenas uma cruz sem o ser, a cruz com o Ser estando no alto do painel. Essa cruz em **X**, a forma do dez latino, número considerado como a expressão da Divindade. Esse dez é ao mesmo tempo a inicial grega de *Christos* e o *Yod* hebraico, essa letra quase tão pequena quanto um ponto, da qual se diz que tudo é proveniente. Mas essa forma de cruz tem aqui para nós um duplo significado suplementar.

Primeiro que para passar da cruz em **X** para a cruz + – da parte inferior do painel à sua parte superior –, é necessário mudar os ângulos, isto é, modificar a percepção que temos das coisas. É necessário também efetuar uma rotação, imagem de balanço, da metanoia [conversão]. A alegoria de Santo André indica, portanto, o método; resta aplicá-lo utilizando os utensílios representados pelas três letras E – F – C. Em seguida, e o segundo ponto é igualmente importante, em uma cruz **+**, o coração se encontra situado no centro da cruz e é apenas pela via do coração que é possível chegarmos à realidade final. Ora, na cruz em **X**, é o umbigo que se encontra no centro da cruz.

O umbigo é um símbolo universal do centro do mundo, centro que não é necessário restringirmos ao do mundo físico, pois é também o do mundo espiritual. Para o homem, considerado como um microcosmo, ele é também o centro. Nós o encontramos como ponto de meditação e de concentração espiritual para efetuar o "retorno ao centro", tanto na Hatha Yoga quanto no Hesicasmo, portanto de forma quase universal. Não nos esqueçamos de que quando o maçom está perdido, qualquer que seja a razão, ele deve "encontrar-se no centro, entre o esquadro e o compasso".

É também pelo umbigo que é alimentado o embrião, o feto, aquele que vai nascer. Aí também se encontra simbolizado o que deve ser feito e qual é o método. É necessário nutrir-se pelo Conhecimento para que a cruz possa balancear-se e para que a via do coração se abra. E essa fonte de conhecimento resplandece no quarto painel, com o triângulo que porta o Nome do Tetragrama e *o Agnus Dei* em sua auréola no topo da montanha. Isso não deve ser uma descoberta ao recipiendário, caso ele tenha seguido sempre o ritual com atenção. Desde o primeiro Grau, não é dito pelo Venerável Mestre, fechando novamente o Volume da Santa

Lei durante o encerramento dos trabalhos: "Se vós buscais a luz que vos é necessária, lembrai-vos que ela se mantém no Oriente e que é somente lá que vós podeis encontrá-la"?

É necessário notar também, sobre essa forma de **X,** que corresponde a uma das duas interpretações do sinal, com o qual foram marcadas as residências dos hebreus durante as sete pragas do Egito, e com o qual os justos que deviam ser salvos serão marcados na testa (Ezequiel 9,4). De fato, a palavra hebraica da Bíblia pode ser lida, como significando sinal, e é então interpretada como um X, ou como o nome da letra *Tav*, a última letra do alfabeto.[128] Sem nos sobrecarregarmos sobre as longas exegeses que resultaram disso, a tradução como *Tav*, segundo o simbolismo próprio dessa letra, indica uma espécie de resultado da via seguida, mesmo se isso ainda seja apenas um fim temporário, conforme expressa a Cabala das Letras.[129] O fato de ser indicado dessa forma não quer dizer que não lhe resta mais nada a fazer. Tendo recebido o *Tav*, restará remontar ao *Aleph*. A tradução por sinal adquire também uma relevância particular aqui, pois chega novamente a conferir um sinal ao Mestre X, do qual será de alguma forma o portador, e que ele deverá assumir as consequências.

---

128. Esta diferença de leitura pode também ser explicada pelo fato de que no hebraico arcaico, antes do uso do hebraico corrente, a letra *Tav* tinha uma grafia similar à de uma cruz de Santo André.
129. Ver nosso livro: *Voie des lettres, Voie de sagesse*, Dervy.

Conclusão

O Mestre Maçom foi recebido na Loja Verde preso por correntes, sinal de escravidão. Ele foi solto na fé de sua declaração, dizendo que "tinha reconhecido o perigo das paixões que agitam sem cessar o coração do homem, que o subjugam ao seu império, enquanto ele deveria dominá-las", e após ter respondido positivamente à questão "todas as instruções que vós recebestes até aqui impressionaram-vos fortemente, de modo bastante permanente, para vos guarnecer dos perigos, que sempre ressurgem, aos quais vós sereis sem dúvida exposto durante o curso de vossa vida?."[130] Então, recuperando a liberdade de seus movimentos, imagem da liberdade do espírito, munido da trolha e da espada, ele vai participar da reconstrução do Templo interior; sobre tal templo, o Cristo disse: "Destruí este Templo, e eu o reconstruirei em três dias".

Essa liberdade de movimentos, simbolicamente recuperada, é um ponto muito importante, especialmente nesse Grau intermediário. De fato, por um lado, ela recorda ao candidato a resposta que ele deu à questão apresentada por três vezes durante sua recepção de Aprendiz: "É livremente que vós dais este passo?", e que se efetiva; mas por outro lado, essa fase da cerimônia recoloca essa questão fundamental sob a perspectiva da Ordem Interior, na qual lhe será solicitado muito mais ainda. Ele só poderá então responder a essas perguntas caso tenha previamente adquirido uma plena e inteira liberdade, e se for reconhecido como responsável.

Por outro lado, essa liberdade assim imaginada recorda-lhe o que já lhe sugeria seu nome de Aprendiz, *Phaleigh,* que significa separado. De fato, por meio dessa liberdade, ele deve destacar-se do molde do século, da banalização das ideias recebidas e aceitas sem exame, do que denominamos hoje como o *pensamento único*. Isso lhe é recordado ao

---

130. Primeiro discurso proferido pelo Deputado Mestre.

longo de toda a sua jornada maçônica pelas evocações da morte e do renascimento. Desde o dia de sua recepção de Aprendiz, na câmara de preparação, ele permaneceu diante de um painel, em que estava escrito: "Tu vens submeter-te à morte"; durante sua elevação ao mestrado, por três vezes, ele foi colocado diante de outro painel, no qual se lia: "Pensai, portanto, sobre a morte". E hoje lhe foi representada uma saída do sepulcro. Essas repetições e esse soerguimento, o segundo de sua vida maçônica, devem, se ele os compreender intimamente, recordar-lhe que somente um esforço de diferenciação pode conduzi-lo no caminho de uma libertação, pois não há finalidade iniciática sem individuação.

O ritual vai fazer o recipiendário percorrer um longo caminho para levar à visão da Jerusalém Celeste, que representa o homem restaurado em sua verdade ontológica, "o homem reconciliado", para usar a expressão do Tratado de Martinez de Pasqually. E essa restauração, o verdadeiro propósito de iniciação efetiva, usou, mais uma vez, toda uma série de símbolos para o que só pode ser difícil e incompletamente expresso pelas palavras imperfeitas, seja entendido pela "inteligência do coração", e não somente pela "razão racional". É a ultima vez que será assim no Regime Retificado. De agora em diante, se o Mestre X continua sua via rumo à Ordem interior, tudo está nos atos e não mais em imagens. Mas com a condição de que ele realize o que lhe foi solicitado desde o Grau de Companheiro pela sentença: "Se tu tens inteligência e uma verdadeira coragem, afasta este véu e observa-te tal como tu és".

Por meio de alguns desses estudos fragmentados, nós certamente não esgotamos a riqueza desse Grau. Nós não fizemos mais do que esclarecer certos pontos importantes. Ainda há muito mais outras coisas para descobrir e para interiorizar, e isso só aconteceria pelo exame atento das instruções de perguntas e respostas, que devem ser lidas obrigatoriamente em voz alta, em Loja, no final da cerimônia de recepção. Como de costume no R.E.R., essa leitura, além da instrução específica do Grau, recapitula o ensinamento dos Graus anteriores e apresenta de maneira velada o que sucederá quando o novo Mestre X for admitido na Ordem Interior, o que não poderia ser uma certeza para ele.

Nesse Grau, os símbolos usados na decoração e nos painéis são praticamente os últimos a ser utilizados no Regime Retificado, no qual não existem, propriamente falando, os altos Graus como se entendem no R.E.A.A. [Rito Escocês Antigo e Aceito] ou no Rito Francês. Todos eles tendem a mostrar o que será a Ordem Interior na sua realidade profunda, revelando, em parte, a finalidade. Enfim, dizemos mais precisamente que eles mostram o que deveria ser àquele que empurra a porta por outras razões, como a vaidosa busca por títulos, por condecorações particulares, por reconhecimento de sua personalidade e até mesmo por uma mera curiosidade dissimulada sob uma aparente busca. Para este, só será dada a vã aparência enganosa das coisas e o que ele crerá ter alcançado será apenas um reflexo evanescente que só pode maltratá-lo. Quanto a esse tipo de pessoa, Joseph de Maistre não moveu sua pena em sua obra, *Mémoire au duc de Brunswick,* de 1782? Ele o estigmatizou com esta frase cruel, mas verdadeira: "O que é um cavaleiro criado sob a luz de velas no fundo de um apartamento e cuja dignidade se evapora assim que abrimos a porta?". Não pode existir cavalaria espiritual sem nobreza interior que se traduz em atos. Não já dizíamos ao Aprendiz, durante sua iniciação: *sic transit gloria mundi*, para preveni-lo contra as vãs aparências desde o primeiro instante de sua vida maçônica?

Repetimos, o Grau de Mestre X não é apenas um complemento do de Mestre Maçom, como o são os *side degrees* [altos Graus laterais] dos Ritos da Maçonaria Anglo-Saxônica. É também bastante diferente dos Graus de Perfeição do R.E.A.A. e do Rito Francês, embora equivalências meramente formais tenham sido estabelecidas por razões de reconhecimento mútuo.

É antes de tudo um ponto de passagem rumo a outra dimensão da Ordem. Ele realiza, no plano iniciático, a passagem de Antiga Lei à Nova Lei. Mas, como o Cristo afirma no Evangelho, ele não abole, ele realiza; ele não rejeita, ele vivifica. Também é necessário que essa conquista se realize pela via do coração e não pela do intelecto, superficial em matéria iniciática. Se a ênfase é colocada sobre a ressurreição, não é de forma alguma por figura de estilo. Ela dá seu sentido no soerguimento do jovem Mestre da tumba durante sua elevação ao terceiro Grau, quando lhe é dito: "Ele receberá a vida do seio da morte"; então, quem observa que o verbo receber está no futuro? Mostramos a ele aqui que, se existiu, teoricamente, despojamento do velho homem, ele agora deve obter aí a ressurreição espiritual, verdadeira via do Maçom Retificado. Essa ressurreição era, aliás, anunciada desde sua entrada no Regime Retificado como novo Aprendiz pelo emblema da ordem: a Fênix.[131] E sua natureza lhe foi definida ao longo de toda a sua vida maçônica, pela repetição sistemática das três questões de ordem, sempre as mesmas, que ele deverá examinar e meditar na Câmara de Preparação antes de sua Recepção, de sua Passagem, de sua Elevação e de sua Exaltação.

---

131. Cf. "Sur une symbolique initiatique, le Phénix", Jean Tourniac, *Travaux de la Loge de recherches Villard de Honnecourt,* 2ª série, nº 10, G.L.N.F.

Por fim, por meio do quarto painel do Grau, o verdadeiro propósito do caminho iniciático específico que ele já começou há tempos é devolvido a ele sob o véu de uma sutil alegoria que nada lhe permitirá soerguer, se ele não perseguir sua via. Ele chega a se engajar novamente, mas... foi lembrado a ele que, se as virtudes cardeais são necessárias, indispensáveis, o verdadeiro objetivo reside na participação, desde o "mundo daqui", até a natureza divina, assim como dizia, no século IV, Santo Atanásio de Alexandria: "Deus tornou-se homem para que o homem se tornasse deus", como afirma o apóstolo João (10,34); tomando o Salmo 82,6: "Eu disse: vós sois deuses", como disse São Paulo (Gálatas 3,20): "Se eu vivo, não sou mais eu que vivo, é Cristo que vive em mim".

O verdadeiro objetivo do caminho iniciático, a realização final na qual o ser é capaz[132] desde esta vida, pela utilização da via exotérica como suporte, e da via esotérica como realização, afirmando assim sua indispensável complementaridade, é enfatizado durante toda a cerimônia. E a via do Regime Retificado traz a prova evidente de que o esclarecimento dessas duas vias, uma pela outra, permite encontrar e vivificar a integralidade de uma via espiritual eficaz. Tal caminho, de agora em diante plenamente aberto ao Mestre X, exigirá dele uma superação das formas. *Meliora praesumo.*

O que quer que seja, e o que quer que possam pensar os defensores de uma Maçonaria dita, equivocadamente, liberal e humanista, a abordagem realizada no quarto Grau do Regime Retificado e a via futura que ele abre não têm nada de "excessivo e de sectário", como lemos em algumas obras e artigos. Não, na verdade ele faz apenas retomar e tornar viva a sentença do oráculo de Delfos: *Vocatus atque non voctus Deus aderit* ("Chamado ou não chamado, Deus estará presente"). Essa sentença bem antiga demonstra plenamente, sem nenhuma dúvida possível, que em todo caminho iniciático, ou até mesmo meramente espiritual, a questão do sagrado e do divino se impõe.[133]

---

132. Cf. René Guénon, *Les États multiples de l'être e Le Symbolisme de la croix*, Trédaniel.
133. Convém destacar que esta sentença do oráculo de Delfos foi gravada por C.-G. Jung no lintel de sua mansão familiar, em Küsnacht.

Apêndice:
Breve Reflexão sobre as Noções dos Pequenos Mistérios e dos Grandes Mistérios em sua Relação com o R.E.R.

Mistérios, pequenos mistérios..., grandes mistérios..., essas expressões são retomadas por diversas vezes nos capítulos deste livro e é conveniente prestar alguns esclarecimentos.

Não será a questão, nesta breve reflexão, interessar-se pelas iniciações antigas, sobre as quais, aliás, conhecemos apenas muito pouca coisa bem específica, o que é explicado facilmente pelo fato de que sua divulgação era punida com morte real, e não simbólica! De acordo com alguns documentos, mais alusivos do que descritivos (Plutarco, Apuleio), que chegaram até nós, estas duas expressões, pequenos e grandes mistérios, eram geralmente utilizadas para definir os dois principais estágios sucessivos da iniciação. Nosso objetivo será muito especialmente o de tentar definir o que representam hoje na nossa tradição e em uma jornada espiritual tal como vislumbramos na Maçonaria. No entanto, para situar tais expressões, devemos lembrar que elas entraram em uso por meio de Platão, quem primeiro descreveu os diferentes estágios do conhecimento pelos termos "técnicos" da iniciação mistérica. (Ver, por exemplo, os comentários de Diotima a Sócrates [*O Banquete* 210A] quando ela coloca em dúvida o fato de que ele seja capaz de receber a iniciação total da verdade, uma dúvida perfeitamente válida ainda hoje.)

Primeiro, tentaremos estabelecer quatro breves definições: a primeira, geral, que concerne à noção de Mistérios; e as outras três, mais específicas, que se relacionam com nossas duas expressões e com a via do meio. Para isso, utilizaremos diversas fontes antigas que nos fornecem dados reconhecidos e a obra de René Guénon, em que essas duas expressões são particularmente frequentes. Ela aqui é indispensável por seu sentido moderno, mas nós não levaremos em conta numerosas reaproximações que ele fez com o Hinduísmo, tradição perfeitamente válida, por certo, mas que não é a nossa e que difere em diversos pontos. Tentaremos em seguida compreender o que elas podem significar no Rito Escocês Retificado.

Mistérios

Originalmente, o termo "mistérios" designava as cerimônias célebres em homenagem a uma divindade e acessível apenas aos iniciados; eles se relacionavam notavelmente aos de Deméter a Elêusis. Na Escritura, esse termo só apareceu praticamente nos textos do período helenístico e, portanto, nos livros escritos diretamente em grego. Ele foi em seguida retomado no Cristianismo, a partir do versículo de Daniel 2,18, no qual ele traduz o termo caldeu *raz* (רז) passado em seguida para o aramaico. Ele será empregado no texto grego do Novo Testamento *(musterion),* e repetido por Paulo de maneira, muitas vezes, paradoxal. Mas esse é um problema de ordem teórica que não poderia ser nosso propósito, mesmo se ele fez gastar muita tinta. Esse termo, portanto, vai muito além da noção de segredo no sentido de algo oculto ou dissimulado que há na linguagem cotidiana. Ele veicula, nesses textos de referência, a ideia de um segredo que ultrapassa o entendimento humano, e sobre o qual até mesmo os "sábios" podem ter apenas uma abordagem imperfeita; ele exprime o caráter profundo, a virtude inerente de uma coisa, sua substância. O "mistério", no sentido em que devemos considerar aqui, indica um dado soteriológico. Assim, quanto ao que é pertinente a nós, ele caracteriza uma realidade espiritual, não diretamente acessível, pois reside no plano Divino. Desse fato, um "mistério" é uma verdade transcendente que ultrapassa o alcance de nosso espírito de tal forma que não é possível penetrar no sentido pela razão, sem a ajuda da revelação; e, mesmo depois de ter sido revelado, o mistério não permanece menos não analisável pela inteligência discursiva. Ele estabelece, portanto, uma fronteira entre "saber" e "conhecer", o que, além disso, indica que nosso "conhecer" só pode ser imperfeito, incompleto. Assim, se o mistério se deixa conceber, se nos permite pensar sobre não permite o suficiente para ser identificado por nossa faculdade intelectual e só pode constar pelo uso da alegoria. Essa é uma das razões de ser do uso das parábolas no Evangelho, retomado dos *mâshâl* (משל) da tradição judaica.

Pequenos mistérios

Clemente de Alexandria refere-se a essa expressão pela introdução da gnose pura (o conhecimento da salvação), que para ele não tem relação com o Gnosticismo que ele combatia. Segundo ele, esse conhecimento da verdadeira origem e do verdadeiro destino da alma, essa introdução, só se obtém de maneira progressiva pela educação intelectual e moral que somente permitirá atingir um estado que autoriza uma primeira revelação, e não por uma forma de iluminação "mágica", como pensam e defendem os gnósticos. Em seguida, Orígenes, e outros mais tarde, manterão o mesmo discurso com variantes ligeiramente próximas. Essa referência conservou todo seu valor ao longo do tempo, mesmo hoje, sobretudo no meio maçônico, considera-se de preferência o que dizem os autores modernos. Na Escritura, de acordo com Orígenes e Clemente de Alexandria, os "pequenos mistérios" têm por epônimo Betsael, cujo nome significa "Sombra de Deus", a "sombra" desajeitadamente traduzida por "imagem", em Gênesis 1,26. É a ele que foi confiada a realização dos elementos da tenda de Atribuição. O significado de seu nome e a leitura do versículo explicam essa escolha (Êxodo 31,2):"Vede, eu designei Betsael [...] e eu o preenchi de uma aspiração divina, de sabedoria, de inteligência e de conhecimento, e de aptidão para todas as artes".

Em nossos tempos modernos, o termo "pequenos mistérios" é definido por René Guénon, que se afasta voluntariamente e com firmeza de qualquer dimensão mística, como pertinente a um conhecimento de ordem física, como sendo a perfeição da condição humana, o posicionamento no centro do campo da individualidade humana. É o retorno ao estado primordial, figurado pelo Paraíso terrestre, que é fruto espiritual que "o homem verdadeiro" pode provar (René Guénon, *Aperçus sur l'Initiation,* cap. XXXIX entre outros). Ele o coloca em paralelo com o que denomina de "a iniciação real", diferentemente dos "grandes mistérios", que se referirá à "iniciação sacerdotal". Por essa dimensão reduzida da definição que afasta qualquer ideia de "revelação", é necessário compreendermos que os "pequenos mistérios" correspondem, segundo esse autor, a um eixo de realização horizontal. Ultrapassando a afirmativa de Guénon e reaproximando-se com a percepção do R.E.R., tal como surge nas diferentes instruções, eles consistem em conhecer Deus por intermédio de suas obras, e dentre as quais o homem, por seu estudo, e por meio de diversas reflexões colocadas a nosso alcance.

Grandes mistérios

Essa segunda fase, que corresponde para Guénon à "iniciação sacerdotal", refere-se a um conhecimento superior de ordem metafísica. Essa fase toma o ser no ponto em que os "pequenos mistérios" o deixaram. Clemente de Alexandria relaciona essa expressão com o Amor, esse termo que deve ser tomado no seu sentido patrístico. Guénon define os "grandes mistérios" como o que concerne à realização efetiva, como sendo o resultado para o homem transcendental, que integrou os estados que ele qualifica como "sobre-humanos", e acha-se assim em um estado incondicionado, de alguma forma análogo aos estados angelicais com sua escala hierárquica, tal como a representa Dionísio, o Areopagita. É a realização de uma junção entre a natureza individual humana (mundo encarnado, do sensível) e a natureza divina (mundo suprassensível). Eles correspondem a um eixo de realização vertical. Esses são os mistérios do conhecimento direto de Deus, um conhecimento no qual a sensação não desempenha mais nenhum papel. Eles são, na Escritura, os mistérios de Moisés, mas ainda comportam uma limitação; não está definido no *Zohar* que o próprio Moisés não pôde cruzar a 50ª porta? Moisés tem uma tomada de consciência refletida do objeto de sua percepção (apercepção), na ocorrência da existência de Deus, sem ter a menor abordagem sobre sua essência. Mas, apesar do que Guénon diz, essa iniciação temporal final, e infelizmente ainda completamente limitada, não é dissociável da experiência mística, uma experiência que ele liga indevidamente de maneira exclusiva à função de sentimento, mesmo se ela não lhe é estranha e de alguma forma o abrange. Essa experiência só pode entreabrir a última porta pelo total desapego que ela implica.

O MEIO-TERMO

Jean Tourniac, como veremos mais adiante em um breve trecho de um de seus livros, comparou a passagem dos pequenos aos grandes Mistérios com a visão da escada de Jacó (Gênesis 28,12), mas a referência a essa imagem faz compreender que nada é definitivo, uma vez que os anjos sobem e descem... Limitando-nos ao sentido de Guénon, restringíamo-nos a duas expressões, sem que haja a vantagem de eliminar qualquer interferência de ordem teológica, e assim corresponder à universalidade maçônica; o meio-termo entre o homem verdadeiro – o homem realizado – (resultado dos pequenos mistérios) e o homem transcendente (realização dos grandes mistérios) seria o homem universal, o mediador, herdeiro do sacerdócio de Melquisedeque (ver Jean Tourniac, *Melquisedeque ou a Tradição Primordial.** Ou seja, o homem reconciliado mas ainda não reintegrado, de Martinez de Pasqually e de Louis-Claude de Saint-Martin, seu secretário e discípulo. Por analogia tipológica com o Salmo 110,4 ("Tu és sacerdote para sempre, segundo a ordem de Melquisedeque!") retomada diversas vezes por Paulo, na Epístola aos Hebreus (5,6 e 10; 6,20; 7,17 e 21); esse homem é representado, no discurso cristão, por *pontifex maximus* [sumo pontífice] que incorpora, em uma certa medida, a função sacerdotal suprema, ponte entre Deus e o homem.

No R.E.R.

Por que considerar essas duas expressões no tema de um Rito particular e não se contentar em permanecer no nível da generalidade dos Ritos? Simplesmente porque, em sua própria arquitetura, e em sua propedêutica, o Regime Retificado, tomado em sua totalidade, coloca em evidência duas etapas essenciais, cuja realização efetiva, sempre hipotética à primeira e mais ainda à segunda, só depende de cada um. Em um primeiro tempo, ele tenta conduzir aqueles que o associam ao desabrochar do humano no homem pela prática sucessiva de cada uma das virtudes colocadas em destaque em cada um dos quatro Grau Simbólicos, e por certo número de conselhos e de regras conexas, que ele destila em suas instruções. Então, em um segundo tempo, e desde a última fase da recepção ao quarto Grau, ele visa a conscientizar que sua finalidade é o desabrochar do divino no homem.

Assim, no que se refere a esse Rito particular, e seu componente específico proveniente de Martinez de Pasqually e dos seus Elús Cohens

---

*N.E.: Obra publicada em língua portuguesa pela Madras Editora.

do Universo, veiculado do seu *Tratado* e pelas Conferências de Lyon, das quais participavam a maior parte dos fundadores do Regime Retificado, poderíamos dizer que a primeira fase sendo realizada, e a tomada de consciência da realidade do humano efetuada, os "Pequenos Mistérios" corresponderiam à *Reconciliação* e os "Grandes Mistérios", à *Reintegração*. Ainda que seja em uma regressão sucessiva, mas não cíclica, aos estados anteriores à dupla queda. Dizendo isso, estamos muito próximos da doutrina da apocatástase iniciada por Clemente de Alexandria, retomada e desenvolvida por Orígenes, e depois também de maneira muito aberta por Gregório de Nissa, uma doutrina que foi longamente debatida, especialmente no século VI, o século explicitamente mencionado em um dos Graus do R.E.R.

Mais prosaicamente, resulta de nossos textos que os Pequenos Mistérios conduzem o iniciado (ou seja, aquele que transformou a virtualidade de sua recepção em uma realidade) à perfeição da sua humanidade, o que o Oriente chama o *Tchen Jen*, e ao qual Martinez de Pasqually, que parece ter tido certo conhecimento do Oriente, uma vez que menciona frequentemente a China em seus textos, faz referência em seu tratado pela denominação típica "homem verdadeiro". Em outras palavras, a realização dos Pequenos Mistérios seria a realização do estado que foi o de Adão no Paraíso terrestre, portanto, após a primeira queda, sempre se reportando ao *Tratado* que está longe de inovar nessa matéria, já que isso é encontrado em Clemente de Alexandria, Evrágio Pôntico, Orígenes, etc. Ela abrange, assim, a referência feita por Clemente de Alexandria, uma vez que o Conhecimento, ou pelo menos sua abordagem, é um fator essencial e só pode obter-se por um trabalho pessoal incessante. O homem que alcançasse essa estação espiritual estaria em perfeita simbiose com o mundo, que seria então realmente tornado o seu mundo. Segundo a Tradição, ele é então ao mesmo tempo capaz de perceber a realidade íntima das coisas e de compreendê-las em sua interioridade, sem análise discursiva. Pela realização desses Mistérios, o homem concentra em si e faz seu o conjunto de possibilidades espalhadas em seu mundo. Isso, é claro, corresponde a um ideal.

A ilustração clássica de tal realização é a imagem do círculo. O homem do século se situa na periferia; no futuro e à medida de sua progressão, ele se desloca sobre um dos raios do círculo, dirigindo-se para seu centro, ao qual convergem todos os raios, para finalmente ser reabsorvido nesse único ponto imaterial, onde tudo o que é se encontra concentrado. Essa imagem é tão mais convincente que ela inclui o fato de que as vias possíveis são múltiplas: existem tanto quantos forem os raios potenciais, portanto, um número absolutamente indeterminado.

Para atingir esse objetivo, o objeto de estudo que os Pequenos Mistérios propõem ao homem, como já mencionado, é o próprio homem, mas o homem considerado em sua realidade ontológica. Eles expressam que o centro, ponto de conjunção da realidade e da aparência, que devemos buscar com perseverança, não está em nenhuma parte, qualquer que seja. Também está longe de ser uma concepção nova, uma vez que essa via já está indicada em Gênesis 12,1, pela expressão hebraica polissêmica *lekh lekha,* utilizada para levar em conta o que Deus ordena a Abrão, que não se chama ainda Abraão. Essa ordem está particularmente explícita para quem quer estender-se bastante nela. Deve-se ler nesse versículo:

"YHVH disse a Abrão: *Vai-te a ti* de tua terra, de tua terra natal e da casa de teu pai, e vai à terra que Eu te indicarei."

Ora, *lekh lekha,* que se tornou o título da terceira seção do Gênesis, infelizmente, é normalmente traduzido em nossas Bíblias por "Vai-te *para* ti", isto é, "no teu interesse para escapar desta terra de idolatria e perversão que é a Caldeia", conforme o definem as notas na parte de baixo da página. Essa abordagem clássica é certamente lexicalmente válida, realmente útil, pois é mais facilmente acessível ao leitor, mas ela limita a natureza da ordem dada e permanece meramente moralista. *Ao contrário,* o sentido moral, sendo apenas um dos sentidos da Escritura, o *Zohar,* e na sequência os hermeneutas de todas as origens, entendem efetivamente no *lekh lekha* seu segundo sentido "vai-te a ti", e por esse "a ti" eles entendem o campo da ordem de outra dimensão e significa qualquer coisa que se encontra em perfeita correspondência com o objeto de nossa reflexão: "vai para a tua essência mais profunda, para o centro, jardim do Éden ou terra prometida, que tu portas em ti".

Isso está, na minha opinião, perfeitamente ilustrado por esse texto de um cabalista de renome, Hayyim Vital (discípulo de Isaac Louria, o *Ari),* em *L'Arbre de vie* [*Etz Hayyim* – A Árvore da Vida], a primeira frase reportando-se aos "pequenos mistérios" e, em seguida, aos "grandes mistérios" :

> *A recompensa da conclusão dos preceitos e do estudo da Torá literal se situará no mundo e no Paraíso terrestre (Éden). O mundo superior só pode abrir-se àquele que examinou, de acordo com suas forças e suas capacidades, a sabedoria do Zohar. Se ele não o fez, ele será excluído de todas as portas do alto [...] então, uma*

parte do Ruach (Espírito) e da Nephesh (alma vital) permanecerão embaixo, no Gan Eden (Paraíso Terrestre). No entanto, a Neshamah (alma espiritual), cuja missão é a de conhecer os mistérios da Torá, será punida e queimada fora do palácio do Gan Eden superior (Paraíso celeste).

Esse retorno sobre si, que não se pode fazer sem o conhecimento do homem, para o qual o R.E.R. nos propõe um método destilado progressivamente, de Grau em Grau, deve ser compreendido como um retorno a suas raízes, como uma *descida ao mais profundo de sua alma,* que exige previamente a evacuação de todas as escórias acumuladas; ou ainda, para retomar uma imagem que consta em Atos 9,18 e também utilizada pelo *Zohar,* a da retirada de escamas *(klipoth)* que cobrem os olhos e cuja espessura e adesão são função do nível de confinamento na materialidade.

Essa realização dos "Pequenos Mistérios" não é acima de tudo diferente do que declarava J.-B. Willermoz em uma de suas instruções, que definem o único propósito de Iniciação maçônica como sendo "para elevar o homem do Pórtico ao Santuário", a "queda" tendo o precipitado do Santuário ao Pórtico. E depois...

Quanto à via dos "Grandes Mistérios" e mais ainda sua consumação, que no Rito só pode ser compreendido como sendo a da Reintegração, só é possível discorrermos? Ela necessita de tal nível prévio de realização pessoal que permanecerá sempre mais do que hipotética; ela só pode ser uma espécie de vislumbres fugitivos de luz, e o que poderia ser dito só corresponderia a uma percepção intelectual de pouco valor real.

Enfim, para fazer uma espécie de resumo, aqui está o que Jean Tourniac, que foi um eminente representante do Rito Escocês Retificado, fazia para corresponder os Pequenos e os Grandes Mistérios. Eu retomo para isso o breve trecho publicado em um de seus livros, *Vie posthume et résurrection dans le judéo-christianisme,* p. 209-210, Dervy Livres, 1984:

> *Nós vimos que o que se chama, na falta de expressão melhor, "a realização espiritual", comporta dois estágios ou etapas; vamos tentar esquematizá-los muito grosseira ou arbitrariamente, como segue:*

Natureza	Definição	Fase	Meta
I Salvação	Prolongamento na longevidade sutil da individualidade humana	Espera pela ressurreição	Realização do centro do estado de ser humano. *Centro invariável* do plano horizontal desse estado. Dimensão do homem integral. Paraíso "terrestre" e Tradição primordial. Fim dos pequenos mistérios e *imortalidade efetiva*.
II Libertação	Vida eterna. Estado absoluto ou divino.	Ressurreição dos corpos gloriosos	Na base do centro do estado humano caído: ascensão vertical ao longo dos estados informais do ser, ou estados angélicos, até a chave da abóbada espiritual do estado divino. Dimensão do homem universal. Paraíso "celeste". Fim dos Grandes Mistérios e eternidade, vida eterna e corpos gloriosos.

Entre I e II: A escada vertical angelical de Jacó à Luz – Bethel (Gênesis 28,12)

Bibliografia

AMADOU, Robert. *Les Leçons de Lyon*. Dervy, 1999.
ALLENDY, René. *Le Symbolisme des nombres*. Trédaniel, 1984.
BERMANN, Roland. *Réalités et Mystères des Vierges Noires*. Dervy, 2000.
____. *Voie des Lettres, Voie de sagesse*. Dervy, 2001.
____. "Le novénaire au RÉR", *Acta Macionica*, vol. 14, 2004. Revista da Loja de Pesquisa da Grande Loja Regular da Bélgica (G.L.R.B.).
BRUYNE, E. *Études d'esthétique médiévale*. Reimpressão Slatkine. Genève, 1975.
BOON, Abade Nicolas. *Au coeur de l'Écriture*. Dervy, 1987.
CASANOVA, Giovanni. *Mémoires*. Pléiade.
Centro Universitário de Pesquisas Medievais d'Aix. *Les Couleurs au Moyen Âge*. 1988.
DAVY, Marie-Madeleine. *Oeuvres de Saint-Bernard*. Aubier, 1945.
____. *Initiation à la symbolique romane*. Champs Flammarion, 1977.
DOMENICHINI, Yves. *La Triple et la Quatruple Essence divine, sa représentation au RÉR* de Yves DOMENICHINI, *Acta Macionica*, vol. 15, 2005. Revista da Loja de Pesquisa da Grande Loja Regular da Bélgica (G.L.R.B.).
FAIVRE, Antoine. *Les Leçons de Lyon*. Éditions du Baucens, 1975.
FANO, Alice. *Les 9 figures de base de la pensée chinoise*. Trédaniel, 1983.
GRANET, Marcel. *La Pensée chinoise*. Albin Michel, 1980.
GUÉNON, René. *Symboles fondamentaux de las science sacrée*. N.R.F., Gallimard, 1982.
____. *Aperçus sur l'initiation*. Éditions Traditionnelles, 1983.
____. *Le Règne de la quantité et le signe des temps*. N.R.F., Gallimard, 1962.

_____. *La Grande Triade*. N.R.F., Gallimard, 1974.
JOLY, Alice. *Un mystique lyonnais et les secrets de la Franc-Maçonnerie*: J.-B. Willermoz. Déméter, 1986.
JUNG, Carl-Gustav. *Essai sur la symbolique de l'esprit*. Albin Michel, 1991.
LAGET, Francis. *L'Olivier symbolique*. Arcades, 1991.
LE FORESTIER, René. *La Franc-Maçonneire occultiste et templière aux XVIIIe et XIXe siècles*. Publicada por Antonie Faivre, *La Table d'Émeraude*, 1987, Aubier, 1970 e Arché.
LELOU. *L'Enracinement et l'Ouverture*. Albin Michel, 1999.
LULLE, Raymond. *Livre de l'ordre de chevalerie*. Les voies du Sud-Différences, 1991.
MAISTRE, Joseph de. *La Franc-Maçonnerie, mémoire au duc de Brunswick (1782)*. Rieder, 1925.
NAUDON, Paul. *La Franc-Maçonneire chrétienne*. Dervy, 1970.
PORTAL, Frédéric. *Des couleurs symboliques*. La Maisnie, 1978.
PASQUALLY, Martinez de. *Traité de la réintégration des êtres*. Apresentação e introdução de Robert Amadou. Collection martiniste. Diffusion rosicrucienne.
SAINT-MARTIN, Louis-Claude. *Des nombres*. Éditions Traditionnelles, 1998.
SCHNETZLER, Jean-Pierre. *La Franc-Maçonnerie comme voie spirituelle*. Dervy, 1999.
SCHAYA, Léo. *Naissance à l'Esprit*. Dervy, 1987.
SHOLEM, Gershom. *Le Nom et les symboles de Dieu dans la mystique juive*. Cerf, 1983.
SHUON, Fritjof. *De l'unité transcendante des religions*. Seuil.
SORVAL, Gérard de. *Le Langage secret du blason*. Albin Michel, 1981. Reedição Dervy.
_____. *La Voie chevaleresque et l'initiation royale dans la tradition chrétienne*. Dervy, 1993.
STÉPHANE, (Abade Henry). *Introduction à l'ésotérisme chrétien* (2 tomos). Dervy, 1983.
TOURNIAC, Jean. *Principes et problèmes du Rite Écossais Rectifié et sa chevalerie templière*. Dervy, 1985.
_____. *Paradoxes et curiosités maçonniques*. Dervy, 1993.
_____. *Les Tracés de lumière*. Dervy, 1976.
_____. *Melkitsédeq ou la tradition primordiale*. Albin Michel, 1983.
ZOHAR. *Le Livre de Ruth*. Tradução de Charles Mopsik. Verdier, 1987.

Índice Remissivo

A

Amor 7, 8, 21, 37, 38, 74, 130, 146
Antiga (Lei) 23, 25, 109, 135, 141
Antigo (Testamento) 23, 38, 85, 117, 125, 130, 135, 140
Apocalipse 34, 50, 53, 59, 74, 82, 86, 130, 131, 132, 133, 134
Aprendiz 13, 22, 25, 32, 37, 65, 80, 82, 93, 105, 116, 124, 132, 134, 139, 140, 141

B

Busca 65

C

Cabala 59, 67, 73, 117, 118, 138
C.B.C.S. 14, 22, 68, 91, 121
Ciência 58, 86
Cohens (Élus) 20, 32, 33, 43, 46, 52, 66, 86, 147
Compaixão 119
Companheiro 13, 22, 25, 32, 58, 70, 81, 83, 97, 116, 121, 140
Convento 20, 23, 24, 25, 26, 104, 129, 134
Criação 38, 48, 52, 65, 66, 73, 94
Cruz (A) 12, 16, 17, 18, 34, 74, 130, 134

D

Deputado (Mestre) 32, 77, 93, 104, 106, 118, 135, 139
Dionísio, o Areopagita 146

E

Élus (Cohens) 20, 32, 43, 46, 52, 66, 86. *Consulte* Cohens
Escocês 1, 3, 9, 14, 19, 20, 22, 23, 24, 26, 32, 40, 60, 63, 94, 135, 140, 144, 150
Escudeiro (Noviço) 22, 121
Esperança 7, 37, 41, 80, 81, 93, 108, 130
Espírito Santo 34, 37, 39, 44, 55, 69, 71, 108
Essência (Divina) 41
Estrita Observância Templária 10, 20, 79, 86
Exaltação 141

F

Força 37, 41, 54, 55, 83, 92, 100, 113, 115, 121, 122, 123, 124, 126
Franco-Maçonaria 19, 28, 132, 135

G

Grande Sacerdote 36, 110
Grandes Priorados 24

I

Iniciação 11, 29, 116, 127, 150
Instrução 22, 26, 33, 52, 56, 71, 77, 80, 106
Instrumentos maçônicos 26
Irmãos 7, 47, 63, 83, 89, 91, 105

J

Jean-Baptiste 9, 20, 21, 113
Jung (Carl Gustav) 45, 53, 55, 86, 142
Justiça 53, 70, 82, 87, 113, 121, 122, 126

L

Livros (Reis) 91, 97
Loja (Verde) 10, 12, 13, 25, 28, 31, 32, 34, 35, 37, 38, 40, 41, 47, 48, 56, 63, 77, 80, 89, 91, 92, 93, 95, 116, 117, 125, 132, 133, 139, 140, 153

M

Maçonaria 9, 11, 12, 13, 18, 19, 20, 21, 28, 51, 56, 57, 79, 83, 84, 114, 132, 135, 141, 142, 143
Mestre 1, 3, 6, 9, 13, 18, 22, 23, 24, 25, 26, 28, 31, 32, 40, 41, 47, 48, 49, 51, 52, 55, 60, 63, 65, 66, 73, 77, 83, 88, 91, 92, 93, 94, 95, 97, 98, 99, 104, 106, 107, 109, 111, 114, 115, 116, 117, 118, 120, 125, 132, 134, 135, 137, 138, 139, 140, 141, 142
Misericórdia 7, 35, 53, 67, 119, 124

N

Naftali 118
Nova Aliança 34
Noviço 13, 22, 121. *Consulte* Escudeiro

O

Ofício 97, 98
Ordem (do Templo) 7, 8, 10, 12, 13, 14, 15, 16, 17, 18, 20, 22, 34, 40, 43, 48, 49, 52, 63, 68, 79, 81, 82, 83, 91, 92, 93, 105, 118, 121, 125, 132, 134, 139, 140, 141
Ordem Interior 20, 34, 40, 49, 81, 82, 83, 91, 93, 105, 125, 132, 139, 140
Oriente 5, 9, 12, 13, 24, 25, 32, 35, 36, 38, 39, 48, 51, 76, 77, 91, 97, 104, 106, 113, 115, 117, 118, 132, 134, 138, 148

P

Pasqually (Martinez de) 11, 12, 14, 17, 20, 21, 32, 33, 43, 46, 49, 53, 65, 66, 75, 84, 85, 98, 107, 113, 119, 140, 147, 148
Patmos (visionário de) 82
Prudência 94, 113, 121, 122

Q

Quádrupla 44

R

Recepção 141
Reconstrução 26, 85
Reis Magos 109

R.E.R. 6, 19, 20, 31, 32, 33, 43, 45, 56, 61, 70, 73, 77, 78, 79, 80, 81, 89, 92, 98, 104, 105, 106, 107, 114, 121, 122, 124, 132, 133, 135, 140, 143, 146, 147, 148, 150
Rigor 35, 67, 119, 124
Rito 1, 3, 8, 9, 12, 14, 19, 20, 21, 22, 23, 26, 31, 33, 43, 44, 46, 63, 74, 75, 77, 78, 79, 81, 84, 99, 100, 104, 108, 115, 117, 140, 141, 144, 147, 150
Ritual 23, 24, 25, 26, 48, 71, 85, 104, 118, 134
Rosa-Cruz 12, 16, 17, 18, 134
Ruach Elohim 69, 101, 108

S

Sabedoria 7, 11, 38, 46, 47, 53, 54, 55, 84, 92, 99, 118, 119, 124
Saint-Martin (Louis-Claude de) 7, 12, 20, 21, 33, 43, 47, 49, 51, 52, 53, 59, 66, 81, 84, 98, 147
Schaya (Léo) 75, 110
Schuon (Fritjof) 36

T

Temperança 70, 94, 113, 121, 122, 124
Terra 7, 124, 125

V

Venerável Mestre 115, 137
Vigilantes 25, 48, 107, 109, 115
Virgem Negra 35

W

Willermoz (J.-B.) 9, 10, 11, 14, 17, 20, 21, 23, 25, 27, 32, 47, 48, 52, 64, 77, 78, 79, 81, 113, 120, 127, 134, 135, 150, 154

Z

Zohar (O) 36, 59, 67, 68, 73, 102, 110, 111, 118, 119, 146, 149, 150

MADRAS® Editora — CADASTRO/MALA DIRETA

Envie este cadastro preenchido e passará a receber informações dos nossos lançamentos, nas áreas que determinar.

Nome _____
RG _____ CPF _____
Endereço Residencial _____
Bairro _____ Cidade _____ Estado ___
CEP _____ Fone _____
E-mail _____
Sexo ❏ Fem. ❏ Masc.   Nascimento _____
Profissão _____ Escolaridade (Nível/Curso) ____

Você compra livros:
❏ livrarias ❏ feiras ❏ telefone ❏ Sedex livro (reembolso postal mais rápido)
❏ outros: _____

Quais os tipos de literatura que você lê:
❏ Jurídicos   ❏ Pedagogia   ❏ Business   ❏ Romances/espíritas
❏ Esoterismo ❏ Psicologia ❏ Saúde   ❏ Espíritas/doutrinas
❏ Bruxaria   ❏ Autoajuda   ❏ Maçonaria   ❏ Outros:

Qual a sua opinião a respeito desta obra? _____
_____

Indique amigos que gostariam de receber MALA DIRETA:
Nome _____
Endereço Residencial _____
Bairro _____ Cidade _____ CEP _____

Nome do livro adquirido: <u>O Grau de Mestre Escocês de Santo André no Rito Escocês Retificado</u>

Para receber catálogos, lista de preços e outras informações, escreva para:

MADRAS EDITORA LTDA.
Rua Paulo Gonçalves, 88 – Santana – 02403-020 – São Paulo/SP
Caixa Postal 12183 – CEP 02013-970 – SP
Tel.: (11) 2281-5555 – Fax.:(11) 2959-3090
www.madras.com.br

Este livro foi composto em Minion Pro, corpo 11/13.
Papel Offset 75g
Impressão e Acabamento
Orgráfic Gráfica e Editora — Rua Freguesia de Poiares, 133 — Vila Carmozina
— São Paulo/SP
CEP 08290-440 — Tel.: (011) 2522-6368 — orcamento@orgrafic.com.br